Alfons Deissler · Zwölf Propheten II

Obadja · Jona

Micha · Nahum

Habakuk

Alfons Deissler

Zwölf Propheten II

Obadja · Jona · Micha
Nahum · Habakuk

Echter Verlag

CIP-Kurztitelaufnahme der Deutschen Bibliothek

Die Neue Echter-Bibel. – Würzburg : Echter-Verlag
Kommentar zum Alten Testament mit der Einheitsübersetzung /
hrsg. von: Josef G. Plöger ; Josef Schreiner.
Unter Mitarb. von: Georg Braulik ...
Lfg. 8. → Deissler, Alfons: Zwölf Propheten
NE: Plöger, Josef G. [Hrsg.]; Braulik, Georg [Mitverf.]

Deissler, Alfons:
Zwölf Propheten / Alfons Deissler. – Würzburg : Echter-Verlag
2. Obadia, Jona, Micha, Nahum, Habakuk. – 1984.
(Die Neue Echter-Bibel : Kommentar zum Alten Testament
mit der Einheitsübersetzung ; Lfg. 8)
ISBN 3-429-00865-4

Gesamtherstellung: Echter Würzburg
Fränkische Gesellschaftsdruckerei und Verlag GmbH
ISBN 3-429-00865-4

Obadja

EINLEITUNG

Der Prophet Obadja und seine Zeit. Vom Autor dieses kleinsten Prophetenbuches kennen wir nur (aus der Überschrift) den Namen, der in der hebräischen Überlieferung Obadja, in der griechischen und lateinischen Abdias gelesen wird. Beides bedeutet »Jahwe-Verehrer« (vgl. 1 Chr 9^{16} mit Neh 11^{17}). Der Name ist noch zehnmal in der Bibel vertreten, doch nirgendwo mit unserem Propheten sicher zu identifizieren. Seine Zeit und seine Funktion müssen also aus dem Text indirekt erschlossen werden. Demnach ist er der Heilsprophetie zuzurechnen, die nach der Katastrophe von 587/86 (Zerstörung Jerusalems und Exilierung der führenden Schichten von Juda-Jerusalem) der Jahwegemeinschaft neue Begnadigung und Wiederaufrichtung zuzusprechen bevollmächtigt wurde (Jer z. T., Ez z. T., DeuteroJes). Zwar ist von Obadja kein direkter Heilsspruch erhalten – $^{17-21}$ stammt offensichtlich nicht vom Autor von $^{1-15}$ –, aber der große Unheilsspruch gegen Edom, das Juda-Jerusalem nach 587/86 zum Tod- und Erbfeind geworden war, weist Obadja als einen Propheten aus, der das Heil Juda-Jerusalems im Auge hatte und auch wohl gelegentlich artikulierte. Den »natürlichen« Sitz im Leben für Heilszusprüche bilden in dieser Epoche die Trauer- und Klagegottesdienste, die alljährlich an den Gedenktagen der Eroberung Jerusalems und der Tempelzerstörung im Trümmergelände stattfanden (vgl. Sach $7^{3.5}$ 8^{14} Klgl). Ohne berufsmäßiger Kultprophet gewesen sein zu müssen, wird Obadja dabei als prophetischer Mittler des Erhörungszuspruches aufgetreten sein. Die Substanz seiner Unheilsaussagen gegen Edom ist uns in Obd $^{1-14.15b}$ schriftlich erhalten geblieben, weil man diese Niederschrift in der nachexilischen Jahwegemeinde für erhaltenswert, d. h. für exemplarisch befreiungsverheißend und damit auch als für alle kommenden Notsituationen gültig ansah. Die Verse $^{11-14}$ sind in ihrer Lebhaftigkeit und Farbigkeit ein nahes Echo zu den Katastrophentagen, so daß man in der zeitlichen Ansetzung des ersten Obadjateils nicht unter 550 v. Chr. heruntergehen kann. Die Verse $^{2-9}$ dürfen dem Gesamttext nach nicht von $^{11-15}$ abgelöst werden, wiewohl sie rein theoretisch auch auf Ereignisse vor 587/86 bezogen werden könnten, etwa auf den Rücktritt Edoms aus einem antibabylonischen Bündnis mit Juda (vgl. Jer 27^{3}).

Das Verhältnis Edom – Israel hat eine wechselvolle Geschichte. Man wußte in Israel immer um die Verwandtschaft der beiden Völker, da Esau, der Bruder Jakobs, als Stammvater der Edomiter galt (vgl. Gen 36 Dtn 2^{4}). Die edomitischen Stämme wurden bereits um 1300 v. Chr. im Gebiet östlich und westlich der Araba-Senke (südlich vom Toten Meer bis zum Golf von Aqaba-Elat) seßhaft und bildeten ein Königreich mit Schwerpunkt auf der gebirgigen Ostseite und der anschließenden Hochfläche. Ihr Gebiet wurde unter David unterworfen, doch gelang es den Edomitern in mehrmaligen Anläufen, sich von Israel unabhängig zu machen, bis sie dann in assyrische Vasallenschaft gezwungen wurden. Gegen Ende des 7. Jh. schlossen sie sich einer Koalition gegen die Neubabylonier an (Juda, Moab, Ammon, Sidon, vgl. Jer 27^{3}), verließen sie aber bald wieder. Schon in dieser Zeit gab es in der Ostregion Schwierigkeiten mit proto-arabischen, die Karawanenwege beherrschenden Stämmen, aus denen die Nabatäer hervorgingen, welche vom 5. Jh. an die Edomiter endgültig in die Westregion drängten. Diese wechselten rechtzeitig auf die Seite der Babylonier, um sich in Südjuda neue Siedlungsgebiete aneignen zu können. Wenigstens Teile der Edomiter – nach Jer 40^{11} wurden von anderen edomitischen Gruppen auch judäische Flüchtlinge aufgenommen – leisteten den Babyloniern Hilfsdienste bei der Belagerung und Eroberung Jerusalems und beim Einfangen der entronnenen Judäer bzw. Jerusalemer. Aus diesen Gründen kann man die Erbitterung verstehen, die sich in den biblischen Edomtexten (Obd Am 1^{11} Jer 49^{7-22} Jes 34 Ez 25^{13} 32^{29} Mal 1^{2ff} Ps 137) vehementen Ausdruck verschafft. Durch die Nabatäer seiner Hauptgebiete beraubt, hat Edom in griechisch-römischer Zeit als Idumäa, zu dem auch Südjuda und ein Teil der Schefela-Ebene gehörten, ein gewisses »Nachleben« gehabt, bis der Makkabäer bzw. Hasmonäer Johannes I. Hyrkanus (135-104) die Idumäer unterwarf und zur Beschneidung zwang. Mit Herodes dem Großen wurde ein Idumäer Herr von Jerusalem (37 v. Chr.) und sogar von ganz Syropalästina. Doch Edom erstand nicht wieder.

Das Büchlein Obadja. In der hebräischen Tradition steht Obadja an vierter Stelle, in G an fünfter Stelle im Zwölfprophetenbuch. Die Gründe dafür sind nicht mehr durchsichtig. Trotz des geringen Umfangs (21 Verse) ist es literarisch mehrschichtig. $^{1-14.15b}$ liegt als literarische Grundschicht fest, die als schriftlicher Niederschlag der mündlichen Predigttätigkeit des Propheten Obadja aus der Zeit vor 550 v. Chr. angesehen werden kann. Die partielle Übereinstimmung mit Jer $49^{9.14-16}$ läßt auf einen Zusammenhang beider Texte schließen, der durch eine gemeinsame Vorlage bedingt sein könnte. Eher muß man jedoch mit einer Priorität von Obd rechnen, während der erweiterte jetzige Vers ^{1} umgekehrt von Jer 49^{16} beeinflußt sein mag.

Der zweite Teil des Büchleins $^{15a.16-21}$ kann zwar unter der Thematik »Gericht über die Völker – Rettung Israels« zur Not als eine literarische Einheit aufgefaßt werden, doch sind $^{19-21}$ als ein Anhang zu betrachten, der kaum vor 400 abgefaßt sein wird. Für den apokalyptisch eingefärbten Text 15a.16–18 wird zwar öfter die Autorschaft Obadjas (in einem späteren Stadium seiner Tätigkeit) reklamiert, doch plädieren sprachliche und sachliche Indizien für die Annahme, daß es sich dabei um einen anonymen, aber an Obadja sich anschließenden Prophetentext aus dem 5. Jh. handelt.

Die Botschaft des Obadjabuches. Mit anderen biblischen Texten über Edom teilt unsere Schrift die starke Erregung der Judäer über das unbrüderliche, von Selbstsicherheit, Habsucht und Schadenfreude inspirierte Verhalten der Edomiter beim Untergang Judas und Jerusalems. Dadurch kommt begreiflicherweise eine gewisse nationale Note in den Text. Aber das Büchlein ist deswegen noch lange nicht ein Zeugnis und Erzeugnis des jüdischen Rachedurstes. Es bleibt als Teil der Heiligen Schrift eine prophetische Dokumentation für die unbestechliche Gerechtigkeit Jahwes in seinem Geschichts- und Gerichtswalten. Auch die anderen Propheten – vgl. nur Am 1³–2³ und Jes 10⁵⁻³⁴! – haben verkündet, daß das göttliche Gericht nicht nur Israel, sondern auch die anderen Völker treffe, wenn ihre menschliche Schuld ein Gott herausforderndes Maß erreicht hat. Gottes Heiligkeit wird dann zur strafenden Gerechtigkeit. Sie waltet hier über Edom, dem in Hybris und Selbstsucht alle menschlichen Bande zerstörenden Brudervolk Israels. Am ebenfalls im Strafgericht geschlagenen Gottesvolk wird jedoch auch offenbar, daß Jahwes Bundeswille sich am Ende als größer erweist als sein Gerichtswille. Dies gilt, wie andere Propheten verkünden, prinzipiell auch für Jahwes Gerichtswalten an den Völkern. Denn seine endzeitliche Königsherrschaft, die Obd 21 in den Horizont aller Geschichte stellt, schließt in der prophetischen Gesamtbotschaft ein universales, die ganze Menschheit umfassendes Reich der Gerechtigkeit und des Friedens ein. Damit wird selbst im Obadjabüchlein eine Lichtung gelegt in Richtung auf die neubundliche Botschaft von der endgültigen Gottesherrschaft, die dann in Jesus, dem Christus, angebrochen ist.

LITERATURHINWEISE

I. Vgl. die Gesamtkommentare zum Zwölfprophetenbuch.

II. *Neuere deutschsprachige Kommentare:* F. Nötscher, Obadja (Echter Bibel 3), Würzburg 1958, 742–45. Th. H. Robinson – F. Horst, Die Zwölf kleinen Propheten (HAT 1,14), Tübingen ³1964. W. Rudolph (KAT XIII 2), Gütersloh 1977, 295–319. J. Wehrle, Prophetie und Textanalyse. Die Komposition Obadja 1–21, interpretiert auf der Basis textlinguistischer und semiotischer Konzeptionen (Dissertation), Typoskript, Freiburg 1980. A. Weiser (ATD 24), Göttingen 1967, 207–214. H. W. Wolff (BK.AT XIV 3), Neukirchen 1977, 1–51.

III. *Wichtige fremdsprachige Kommentare:* G. Ch. Aalders. Obadja en Jona (Commentaar op het Oude Testament, Kampen 1958. J. A. Bewer, A critical and exegetical Commentary on Obadiah and Joel (ICC), Edinburgh 1965. D. Deden, De kleine Propheten (De boeken van het Oude Testament 12), Roermond 1953. A. Deissler, Abdias (La Sainte Bible VIII 1), Paris 1961, 239–64. C.-A. Keller, Joel, Abdias, Jonas (Commentaire de l'Ancien Testament), Neuchâtel 1965, 251–62. P. G. Rinaldi, I Profeti Minori, Fasc. II. Osea – Gioele – Abdia – Giona, Torino 1960. J. A. Thompson – N. F. Langford, The book of Obadiah (The Interpreter's Bible VI), 1956. J. D. W. Watts, Obadiah. A critical exegetical commentary, Grand Rapids 1969.
VI. *Wichtigere Zusatzliteratur:* J. R. Bartlett, The Rise and Fall of the Kingdom of Edom: PEQ 104 (1972) 26–47. E. Bonnard, Art. Abdias, in: DBS VIII (1969) 693–701. G. Fohrer, Die Sprüche Obadjas, in: Studia Biblica et Semitica, Festschrift Th. C. Vriezen, Wageningen 1966, 81–93. J. Scharbert, Die Propheten Israels um 600 v. Chr., Köln 1967. K. D. Schunck, Die Eschatologie der Propheten des Alten Testamentes und ihre Wandlung in exilisch-nachexilischer Zeit (VTS 26), Leiden 1974, 116–132. W. Werbeck, Literatur zur Auslegungsgeschichte des Obadjabuches, in: RGG^3 IV 1549.

ÜBERSCHRIFT: 1a

1 Vision Obadjas

DAS GERICHT ÜBER EDOM: 1b–15

1b–4: Jer 49 14–16

Als ein Bote zu den Völkern gesandt wurde mit dem Ruf: Auf zum Kampf gegen Edom!, da haben wir vom Herrn eine Kunde gehört.

1 In der Übersetzung Textfolge umgestellt. – Für *ᶜālæhā* (= »gegen es«) wurde das Bezugswort »Edom« eingesetzt.

1a Diese kürzeste aller Prophetenüberschriften kennzeichnet den Obadjatext als »Vision«. Zur »Schau« gehört immer auch eine Hör-Erfahrung (vgl. 1 Sam 3[1] Jer 23[16] u. ö.). Doch ist hier mehr auf den vermittelten Inhalt abgezielt als auf den Offenbarungsvorgang. Als Offenbarungsmittler wird ein Mann namens Obadja vorgestellt (vgl. Einleitung).
1b–14.15b Hier liegt eine große literarische Einheit (Gerichtspredigt) vor, zu der ursprünglich 15a nicht gehörte. 15a bildete vielmehr die Einleitung zu 16ff. Im heutigen Textgefüge dient der Vers anscheinend der Verklammerung des Folgetextes mit 1–15b (gemeinsames Thema: wider Edom). Es könnte aber auch ein frühes fehlerhaftes Abschreiben vorliegen.
Der Gesamttext läßt einige Spannungen erkennen, wie etwa der Wechsel von der 2. in die 3. Person bei Edom in 6 und 8 dartut. Doch findet sich solch ein für den Hebräer tolerabler Personenwechsel auch in anderen Prophetenreden. Nach formalen und inhaltlichen Kriterien können folgende kleinere Texteinheiten aus der Gesamtkomposition herausgeschält werden:
1. Eine eigenartig erweiterte Offenbarungsformel in 1b. 2. Eine Strafansage in 2–4, als Botenspruch mit Schlußformel formuliert (im perfectum propheticum). 3. Eine in der Form eines ironischen Leichenliedes abgefaßte Schilderung der Bestrafung (5–7), in der Jahwe zurücktritt und drei Gruppen menschlicher Akteure auftreten (Diebe bzw. Räuber, Winzer, Bundesgenossen). 4. Eine weitere, mit »an jenem Tag« angefügte Strafansage, die mit einer nachgebrachten Anklage Edoms begründet wird (8–11). 5. Ein prophetischer Warnspruch (12–16), aus acht Vetitiven (*'al* mit Imperfekt) bestehend, wobei der Unheilstag (*jōm* + x) achtmal erwähnt wird. Im Gesamtkontext hat dieser Warnspruch die Funktion einer lebhaften Anklage Edoms. 6. Ein Vergeltungsspruch (15b), in direkter Anrede formuliert. – Wir haben also in Obd 1–14.15b eine offensichtlich literarisch kombinierte Gerichtspredigt vor uns, welche Strafspruch und Anklage – letztere besonders in 10–14 artikuliert – enthält.
1b verrät deutlich die Spur einer späteren Überarbeitung. Ursprünglich muß nur die Botenspruchformel 2ff eingeleitet haben. Offensichtlich ist der Text vom Völkerboten bzw. die Kunde davon aus Jer 49[14] hier durch einen Redaktor nachgetragen (nur statt »ich ...« jetzt: »wir haben gehört«), um die folgende Strafansage in einen umfassenderen Rahmen hineinzustellen (vgl. Joël 4[9]). Der Bote ist wohl als himmlischer Herold (En-

So spricht Gott, der Herr, zu Edom:
2 Siehe, ich mache dich klein unter den Völkern,
du wirst tief verachtet sein.
3 Dein vermessener Sinn hat dich betört;
du wohnst in Felsenklüften,
du sitzt auf dem hohen Berg
und denkst: Wer stürzt mich hinab?
4 Erhebst du dich auch wie der Adler
und baust dein Nest zwischen den Sternen,
ich stürze dich von dort hinab – Spruch des Herrn.
Jer 49[9] 5 Wenn in der Nacht
Diebe oder Räuber bei dir einbrechen,
ja, dann bist du verloren.
Stehlen sie nicht, was sie wollen?
Und wenn zu dir Winzer kommen,
lassen sie eine Nachlese übrig?
Jer 49[10] 6 Wie wird man Esau durchsuchen
und seine Verstecke durchstöbern!

4 Ist dem Paralleltext Ijob 39[27] gemäß nicht zu korrigieren.
5b Wörtlicher: »Wie bist du dann verloren« (vgl. [6]). »Was sie wollen«, wörtlich: »ihr Maß«.
5c Tilge *lō'* als sinnwidrig (vgl. Jes 49[9]). Verschreibung nach [5b].

gel) zu denken. Edom scheint auf dieser Ebene bereits als Repräsentant der gottfeindlichen Mächte gesehen zu werden (vgl. Jes 34), gegen den die anderen Völker von Jahwe aufgeboten werden.

2–4 Gottes Strafe macht Edom, das seit etwa 1300 südlich des Toten Meeres ein bedeutendes Staatsgebilde darstellt, »klein unter den Völkern« (vgl. Am 7[2.5]). Gestützt auf die schwer zugängliche Bergwelt östlich der Araba – dazu gehören die Hauptstadt Bozra (= »die Unzugängliche«) und die Stadt Sela (= »der Fels« = Petra?) – geben sich die Edomiter der Hybris hin, von niemandem belangt werden zu können. Doch Jahwe wird sie herniederholen, auch wenn sie in den Sternen wohnten (wohl [vgl. Jer 49[16]] übersteigernder Nachtrag, orientiert an Ijob 39[27] Jes 14[13f]).

5–7 Edom blühte vorab durch seine Lage an den großen Handelswegen der syrisch-arabischen Halbinsel und seinen Besitz (wieder seit Ende des 8. Jh.) der bedeutenden Handelshäfen Ezjon-Geber und Elat mit Zugang zu Vorderasien und Afrika. In seinen Depots lagerten vor allem die besonders kostbaren Handelsgüter (z. B. Gold, Weihrauch, Myrrhe, Elfenbein). Ihre Plünderung wird zu einem Hauptziel der Eroberer. Darum beschwört der Text Diebe, Räuber und Winzer, die nichts übriglassen. Die Gegner bemächtigen sich zugleich des geschützten edomitischen Siedlungsgebiets im Gebirge östlich der Araba und vertreiben die Restbevölkerung ins westliche und nordwestliche Grenzland. Nach [7] sind es ehemalige Freunde und Bundesgenossen. Damit sind offensichtlich die proto-arabischen nomadisierenden Wüstenstämme gemeint, mit denen Edom im Handel

7 Man treibt dich fort an die Grenzen;
alle deine Bundesgenossen betrügen dich,
deine Freunde überwältigen dich. Ps 41[10]
Einst aßen sie dein Brot,
jetzt legen sie dir heimlich eine Schlinge.
8 Ja, an jenem Tag – Spruch des Herrn –
vernichte ich die Weisen in Edom Jer 49[7]
und die Klugen im Bergland von Esau.
9 Da packt deine Helden der Schrecken, Teman; Jer 49[22]
da werden alle vernichtet im Bergland von Esau.
Wegen des Mordens,
10 wegen der Gewalttat an Jakob, deinem Bruder, Joël 4[19]; Am 1[11f]
bedeckt dich die Schande,
wirst du ausgerottet für immer.
11 Als die Fremden sein Heer gefangennahmen, Ps 137[7]
als die Feinde seine Tore besetzten
und das Los warfen über Jerusalem,
da standest du dabei, du wurdest wie einer von ihnen.
12 Sei nicht schadenfroh am Tag deines Bruders,
am Tag seines Unheils!

7 Punktiere *loḥ[a]mæka* mit Sym, Vg, T, G-Hss.

zusammengearbeitet hat (in Jes 42[11] mit den [edomitischen] Felsenbewohnern zusammen genannt). Aus ihnen ist im 5. Jh. das große Handelsvolk der Nabatäer (ursprünglich ein proto-arabischer Stamm) hervorgegangen. Das edomitische Sela (= Petra?) wurde ihre berühmte Hauptstadt.

8–11 Jetzt tritt Jahwe selbst wieder auf als Bestrafer Edoms, das nun – in der Tradition von Gen 36 – »Bergland von Esau« genannt wird. Die Weisheit der Edomiter war berühmt (vgl. Jer 49[7] Bar 3[23]). Ohne sie wird das Volk und das Heer der klugen Führung beraubt (vgl. Jes 3[ff] 19[3] 29[14] Dtn 1[13] 1 Sam 14[20]) und damit dem Untergang preisgegeben. Teman (vgl. Gen 36[11.15.42]), Bezeichnung für eine edomitische Region im Süden und ein gleichnamiger Stamm, ist hier pars pro toto für Edom-Esau. Mit dieser letzten Strafansage zusammen wird jetzt die Anklage Edoms explizite formuliert. Sie lautet auf Mord (*qeṭel*, hap. leg.) und Gewalttaten (vgl. Am 1[11] Joël 4[19]) gegenüber dem »Bruder Jakob« (vgl. Gen 25[27] Dtn 23[8]). Dieser Ehrentitel gilt hier wie in Mi 3[1.8] Nah 2[3] Juda-Jerusalem. Brudermord gilt als besonders negativ qualifiziertes Verbrechen (vgl. Gen 4). 11 bildet die Klammer zwischen 8–10 und 12–16 und situiert das Verbrechen zeitlich und räumlich: Es ist der Tag – so sagt der hebräische Text hier gleich zweimal –, an dem die »Barbaren« Jerusalem eroberten (587/86 v. Chr.) und seine Verteidiger und Führer für das Los (vgl. Joël 4[3]) der Gefangenschaft in Babel bestimmten. Hier standen mindestens Gruppen der Edomiter auf seiten der Babylonier und leisteten ihnen Hilfestellung.

12–14.15b Die Erregung des Propheten über ein solches Verhalten Edoms

Freu dich nicht über Judas Söhne
am Tag ihres Untergangs!
Reiß deinen Mund nicht so auf am Tag der Not!
13 Dring nicht ein in das Tor meines Volkes
am Tag seines Unglücks!
Sei nicht auch du schadenfroh über sein Unheil
am Tag seines Unglücks!
Streck nicht die Hand aus nach seinem Gut
am Tag seines Unglücks!

13b Punktiere *tišlāḥanna*, vgl. G, Vg, T.

spiegelt sich in der Verwendung eines Warnspruchs, der die Anklage noch weiter konkretisieren soll. Der Sinn der Vetitive ist: Du hättest das und das nicht tun dürfen! Zuerst wird die Schadenfreude Edoms (= innerliches böses Verhalten) genannt, dann die Worte (vgl. Ez 35[13]), schließlich die Taten. Nach unserem Text sind Edomiter mit eingedrungen in Jerusalem und haben sich an Hab und Gut der Besiegten vergriffen. Sie haben sich mit den Babyloniern zusammen – sie kannten das Land besser als die landfremden Eroberer – an den Wegkreuzungen, d. h. vorab an den Stellen, wo die Wadis in die Jordansenke mit ihren verschiedenen Fluchtwegen münden, aufgestellt, um die flüchtigen Verteidiger Jerusalems niederzumachen oder sie an die Sieger auszuliefern bzw. auch selbst als Sklaven zu verkaufen. Der Talionsspruch [15b] schließt nicht nur den letzten Textabschnitt, sondern die Gerichtspredigt überhaupt. Das Prinzip der strikten Vergeltung ist Basis des gesamten vorderorientalischen wie auch des israelitischen Strafrechts (vgl. Ex 21[12ff.23ff] Dtn 19[21] Lev 24[17–21]) und prägt auch die gesamte Weisheitslehre. Wie andere Rechtskategorien wurde es von den Propheten auch auf das Walten Jahwes in der Geschichte übertragen wie hier und z. B. in Joël 4[4.7].

Die Gerichtsrede Obd [2–14.15b] ist fraglos eine Kombination mehrerer Prophetensprüche. Da diese aber keine in sich sinnvollen kleineren Einheiten sind, läßt sich ihre mündliche bzw. schriftliche Vorgeschichte nicht mehr erhellen. Mit Übernahme vorexilischer Edomsprüche – sie sind nirgendwo greifbar – wird man aber kaum rechnen dürfen. Nichts spricht darum dagegen, daß der in der Überschrift genannte Obadja grundsätzlich der Kombinator der Einzelsprüche zu einem literarischen Ganzen ist. Nur [1] und [4] weisen spätere Erweiterungen auf. Die erregte Lebhaftigkeit der Konkretisierung von Edoms Schuldverhalten gegenüber Juda-Jerusalem in [12–14] plädiert für eine relative Nähe zur Katastrophe von 587/86. Da die Richtung des zweifelsfrei festzustellenden Abhängigkeitsverhältnisses zwischen Jer 49[9.14–16] und Obd [1–5] sich auf rein literarkritischem Weg als unaufklärbar erwiesen hat, sind Obd [12–14] ein Argument mehr für die Priorität Obadjas. Nur [1] ist in seiner späteren Erweiterung als von Jer 49[14] her beeinflußt zu betrachten. Zum Auftreten Obadjas bei den Klage- und Bußfeiern auf den Trümmern des zerstörten Tempels vgl. Einleitung.

Zur theologischen Botschaft von Obd [1–14.15b]: Wir haben hier keinen nationalistischen, vom Haß imprägnierten Racheschrei gegen Edom vor

14 Stell dich nicht an der Wegkreuzung auf,
um die Fliehenden niederzumachen.
Liefere die Flüchtlinge nicht aus
am Tag der Not!
15 Denn er ist nahe, der Tag des Herrn,
für alle Völker.
Was du getan hast, das tut man dir an;
dein Tun fällt zurück auf dich selbst.

15a und 15b sind umzustellen.

uns, sondern – ähnlich wie in den Fremdvölkerorakeln des Amos – ein prophetisches Zeugnis dafür, daß Jahwe der Herr der Völkergeschichte ist. Das von den früheren Propheten angesagte Gericht an Israel ist bereits eingetreten. Obadja erkennt es als solches an, indem er so sehr den »Tag des Unheils« herausstellt, der für ihn ein »Tag Jahwes« ist. Aber jetzt ist auch das Strafgericht an Edom fällig, zumal die Edomiter nach 587/86, also zur Zeit des Obadja, ins südliche Juda vordrängen (vgl. Ez 35 10). Um 750 v. Chr. hat Amos die Verurteilung Moabs ausgesprochen, weil die Ammoniter die Gebeine des Königs von Edom »zu Kalk verbrannt haben« (Am 2 1). Diesmal geht es darum, daß Edom sich in unmenschlicher Weise am »Brudervolk« Israel bzw. Juda-Jerusalem verfehlt hat: Durch tätige Mithilfe an dessen Untergang wollte es seinen eigenen »Aufgang« fördern. Jahwe aber, der »Gott für die Menschen«, duldet nicht, wie er es bereits durch Amos unerbittlich aussagen ließ, daß Menschengruppen und Menschen zum bloßen Objekt verbrecherischer Verfügbarkeit durch andere Menschen und ihre Selbstherrlichkeit degradiert werden. Der Gott, der niemals taub ist, wenn vergossenes Bruderblut vom Erdboden zu ihm emporschreit (vgl. Gen 4 10), tritt in unserem Obadja-Text trotz dessen kräftigen orientalischen Kolorits mit Macht hervor. Sein Gerichtswille ist durch und durch »Richtigkeitswille« und als solcher unabdingbar. So bezeugt es auch die Gerichtsbotschaft Jesu Christi, die von seiner Heilsverkündigung nicht abgelöst werden darf. Der Hauptmaßstab des Gerichts ist auch nach Mt 25 31–46 das Ja oder Nein des Menschen zum Menschen.

15a.16–18 (Der Tag Jahwes: Gericht über die Völker – Gnade für Israel). Der Text stellt einen Prophetenspruch über den endzeitlichen »Tag Jahwes« dar, der nicht als Gottesspruch gekennzeichnet ist (Botenformel usw.). Nur am Schluß (18c) wird er durch die Formel »Jahwe hat (es) gesprochen« (vgl. Jes 22 25 25 8) als Jahweoffenbarung autorisiert. Die Unterschiede zu 2–14.15b sind bemerkenswert: 1. Die Adressaten sind (2.p.pl.) offensichtlich die Judäer, nicht Edom. 2. Die Strafansage gilt den Völkern und dann erst Edom. 3. Dieses wird singulär als »Haus Esau« vorgestellt. 4. Die Vollstrekker des Gottesgerichts sind gemeinsam das »Haus Jakob« und »das Haus Josef«, also Gesamt-Israel.

Der hier angesagte »Tag Jahwes« meint nicht eine herausragende Intervention Jahwes im Geschichtsverlauf (so häufig vorexilisch, vgl. Am 5 18–20 Mi 1 5f Jer 17 18 Zef 1 7f, auch Obd 11–14), sondern den endzeitli-

DAS GERICHT ÜBER DIE ANDEREN VÖLKER: ^{16}

Klgl 4^{21} 16 Ja, wie ihr getrunken habt
auf meinem heiligen Berg,
so müssen alle Völker jetzt unaufhörlich trinken:
Sie trinken und taumeln,
sie werden, als seien sie niemals gewesen.

DIE RETTUNG ISRAELS: $^{17-21}$

Joël 3^{5} 17 Auf dem Berg Zion aber gibt es Rettung,
er wird ein Heiligtum sein,

16 *nāʿwū* (vgl. Folgetext); M: »sie reden wirr«; vielleicht auch: »sie schlürfen«.

chen Abschluß der Geschichte. Er wird als »nahe« apostrophiert wie in Zef 1^{14ff} Ez 30^{3} Jes $13^{6.22}$ Joël 4^{14}. Die Vorstellung vom »Trinken des Zornesbechers Jahwes« ist eine traditionelle Metapher (vgl. Jer 25^{15ff} 49^{12} Ez 23^{34ff} Hab 2^{16} Jes $51^{17.21}$ Sach 12^{2} Klgl 4^{21f}). Juda-Jerusalem haben ihn bereits »getrunken« auf dem heiligen Berg Jahwes (vgl. Zef 3^{11} Ez 20^{40}, sonst nur in nachexilischen Texten), d. h. in der Katastrophe von 587/86. Diesen »Zornesbecher« müssen am »nahen Tag Jahwes« alle (Heiden-) Völker trinken als ihr »Endschicksal« *(tāmīd)*. Er bedeutet Vernichtung ihrer Macht (vgl. zum Ausdruck: »als seien sie nie gewesen« Ijob 10^{19}, zur Thematik vgl. 41^{11f} Ez 26^{21}). Der Zion wird aber für Israel die Stätte der Rettung sein, wie unser Prophet im sachlichen Anschluß an Jes 10^{20} (»Israels Rest«) und im wörtlichen Einklang mit Jes 37^{32} und Joël 3^{5} verkündet. Zur unantastbaren Heiligkeit des Zion vgl. Jes 4^{3} Joël 4^{17}. Er wird zum Kristallisationskern eines endzeitlichen vereinigten Israel, das aus dem »Haus Jakob« (= Juda, vgl. Obd ^{10f}) und dem »Haus Josef« (vgl. Am 5^{6} = Nordstämme) besteht. Die Basis für die hier vorausgesetzte »Wiedervereinigung« liefert Ez 37^{16ff}. Unser Text geht aber insofern über Ez hinaus, als er dem zukünftigen Israel die Rolle überträgt, die in Jes 10^{17} Jahwe selbst innehat. Das Opfer ist jetzt das »Haus Esau«, das nicht nur Jerusalems Fall mit herbeigeführt, sondern sich auch nach 588 Süd-Judas (bis über Hebron hinaus) bemächtigt hat $^{(17b)}$ und so erst recht zum Erzfeind des Jahwe-Volkes geworden ist.

$^{15a.16-18}$ wird schwerlich von Obadja stammen. Der Text verrät mit seiner apokalyptischen Idee von Israel als Werkzeug Jahwes an seinem »Tage« – hierin Am 3^{12} Jes 11^{12-14} Mi 4^{13} und Sach 12^{6} (Texten aus dem 5.–4. Jh.) verwandt – und mit seinen anthologischen Bezugnahmen auf andere Prophetensprüche eher die Hand eines »Schreiber-Propheten« gegen Ende des 5. Jh. Er muß aber vor Joël (4. Jh.) datiert werden, da Joël 3^{5} (»*wie* Jahwe gesagt hat«!) auf ihn zurückverweist.

Zur theologischen Botschaft von $^{15b.16-18}$. Unser Text steht in der Reihe der Texte vom »Tag Jahwes« und gehört da zu jenen, die Israel eine aktive Rolle beim Endsieg Jahwes über die gottfeindlichen Mächte zusprechen. In Jes 11^{14-16} ist diese

und das Haus Jakob nimmt die in Besitz,
die es besetzten.
18 Dann wird das Haus Jakob zu Feuer
und das Haus Josef zur Flamme.
Das Haus Esau wird zum Stroh,
das vom Brand erfaßt und verzehrt wird.
Und vom Haus Esau wird keiner entkommen.
Denn der Herr hat gesprochen.
19 Den Negeb nehmen sie in Besitz,
das Bergland von Esau,
die Schefela und das Land der Philister.
Sie nehmen Efraims Flur in Besitz
und die Fluren von Samarien, Benjamin und Gilead.

17 *mōrīšēhæm* vgl. G, Vg, T; M: »ihre Besitztümer«.

19 Die Textlage ist schwierig. Möglich wäre die Übersetzung: »Die vom Negeb nehmen das Bergland von Esau in Besitz und die von der Schefela das Land der Philister – und sie nehmen Efraims Flur in Besitz und die Fluren von Samaria und Benjamin (nimmt in Besitz) Gilead.« Die grammatikalischen Unebenheiten können aber auch aus einer Überarbeitung stammen. Jedenfalls ist die Hauptaussage so oder so gesichert.

Erwartung von der Mitwirkung Israels bei der Durchsetzung des endgültigen Jahwe-König-Reiches viel verhaltener (mit Korrektiv an einer militärisch-politischen Perspektive) ausgesprochen. Die klassischen eschatologischen Texte der Propheten schweigen sowieso davon. Im Blick aufs Ganze der Schrift ist die Beteiligung Israels also etwas Zweitrangiges. Der Akzent liegt vielmehr auf dem endgültigen Unheil für die Gottesfeinde und dem endgültigen Heil für das Gottesvolk. Darin erweist sich unser Text als eine Prämisse für die neubundliche »Apokalypse des Johannes«. Ist in Obd das Gottesvolk dem Zion der Endzeit zugeordnet, so in Offb dem himmlischen Jerusalem. Ist in Obd das neue Israel Kämpfer und Sieger, so in Offb der als Lamm vorgestellte Messias und die »Berufenen und Auserwählten und Getreuen bei ihm« (17[14], vgl. 2[26f] 19[11ff]).

[19–21] (Nachtrag). In einer Verheißung wird das in [17] Angesagte konkretisiert. *jrš* (in Besitz nehmen) in [17] wird viermal wiederholt und mit Ortsangaben verbunden. [19–20] ist in Prosa, [21] in gebundener Rede (Tripel-Dreier) formuliert.

Das auf Zion wiedervereinigte Israel schreitet jetzt zu einer neuen Landnahme – *jrš* ist das Top-Wort der Landnahmetraditionen –, welche die alten Grenzen des 10. Jh. wiederherstellen soll. Wenn der Negeb, die Südregion, als Bergland von Esau apostrophiert wird, handelt es sich um die westlich der Araba gelegenen Wohnsitze der Edomiter (die östlichen waren bereits in Händen der Nabatäer), also um das Gebiet von Hebron bis Elat. Die Schefela im Südwesten meint die Philisterregion (mit Zugang zum Mittelmeer). Die »Flur« bzw. das Gefilde von Efraim mit Samaria als Mittelpunkt hat wohl das ganze ehemalige Nord-

20 Die Verbannten von Halach, Söhne Israels,
nehmen das Land der Kanaaniter in Besitz
bis nach Sarepta;
die Verbannten Jerusalems, die in Sefarad sind,
besetzen die Städte des Negeb.
21 Befreier ziehen auf den Berg Zion,
um Gericht zu halten über das Bergland von Esau.
Mi 4^{7}; Ps 22^{29} Und der Herr wird herrschen als König.

20 *ha-ḥel hazzæh* ist sehr unsicher (»dieses Heeres«? oder »der Anfang war dies« [G]?). Da die Verbannten Israels gemeint sind, ist mit großer Sicherheit *ḥ^{a}laḥ* = Halach zu lesen, wohin sie nach 2 Kön 17^{6} 18^{11} exiliert wurden. l. *jir^{e}šū* für *ʾ^{a}šær.*

21 »Die Retter« (M, Sym, Vg) wird von G, S, T passivisch gelesen.

reich im Auge. Dazu gehörte im Süden Benjamin und östlich des Jordan Gilead, das hier für den ganzen früheren israelitischen Anteil an Transjordanien steht. Dann $^{(20)}$ wird auf die Exilierung von 721 (Nordstämme nach 2 Kön 17^{6} 18^{11} hauptsächlich nach Halach in Nordmesopotamien verbannt) und auf die Verbannung der Judäer und Jerusalemer von 587/86 angespielt und den Heimkehrern Landanteil verheißen. Warum gerade Sefarad (= Sardes in Lydien) als pars pro toto ausgewählt wird, ist nicht klar. Wahrscheinlich war ein Teil der nach Babel Verbannten später nach dem westlichen Kleinasien gezogen. Im nordwestlichen Kleinasien gab es nach einer neuerlich gefundenen Inschrift (von etwa 450 v. Chr.) wohlhabende jüdische Familien. Für die judäischen Heimkehrer werden vorab die wiedereroberten Städte des Negeb bereitstehen, für die zurückkehrenden Nordisraeliten Städte im Norden bis nach Phönizien hinein. Stellvertretend dafür ist Sarepta (in der Nähe von Sidon) genannt, wahrscheinlich weil der in nachexilischer Zeit so verehrte Prophet Elija nach 1 Kön 17$^{8-24}$ sich dort zeitweise aufhielt.

Der Schlußsatz $^{(21)}$ birgt in der Lesung von M einige Schwierigkeiten. »Hinaufsteigen« im nächsten Zusammenhang mit dem Berg Zion heißt: sich im Tempel präsentieren (vgl. Ps 24^{3}). Oder meint M: Die Befreier auf dem Berg Zion ziehen hinauf (ins Gebirge Esau), um es zu regieren? Wer sind die Befreier? M denkt wohl an charismatische Rettergestalten wie in der Richterzeit (vgl. Ri 3$^{9.15}$), welche das Land nach der Landnahme sichern. So begreift sich wohl auch die Proklamation von Jahwes Königtum am besten (vgl. Ri 9^{6}). Die dafür gewählte Formel kommt nur noch im nachexilischen Ps 22^{29}, und zwar ebenfalls als Ausdruck endzeitlicher, universal ausgerichteter Erwartung vor.

Unser Text ist ein späterer Nachtrag – vielleicht handelt es sich sogar um Nachträge zu Obd $^{15-18}$ –, welcher die Funktion einer Aktualisation hat. Er bringt das Thema »Neue Landnahme«, das in Jer 3^{18} 50^{19} Ez 47^{13}–48^{29} Mi 7^{14ff} artikuliert wird, in ein besonderes Relief. Der beherrschende Fluchtpunkt des Ausblicks ist die kommende Königsherrschaft Gottes, womit zugleich ein zentrales Thema der ntl Frohbotschaft in den Horizont des Obadja-Büchleins tritt.

Jona

EINLEITUNG

Allgemeines. Das Büchlein mit seinen vier Kapiteln steht im hebräischen Kanon an fünfter Stelle, in G an sechster Stelle des Zwölfprophetenbuches. Es unterscheidet sich von den elf anderen Büchern dadurch, daß es keine Zusammenstellung von Prophetensprüchen bzw. -predigten darstellt, sondern eine Erzählung über einen Propheten (vergleichbar mit den Elija- und Elischa-Erzählungen in 1 Kön 17 – 2 Kön 9). Sein Name ist: Jona, Sohn des Amittai. Von ihm ist nur dies überliefert: »Er (sc. Jerobeam II., 782–747) stellte die Grenzen Israels wieder her von Lebo-Hamat bis zum Meer der Araba, wie es der Herr, der Gott Israels, durch seinen Knecht, den Propheten Jona, den Sohn Amittais aus Gat-Hefer, vorhergesagt hatte« (2 Kön 14^{25}). Danach war Jona ein Prophet, der Heil für Israel ankündigte und darum wohl auch Unheil über die Nachbarvölker. Unser Jona-Buch teilt ihm auch den göttlichen Auftrag zu, im fernen Ninive als Gerichtsprediger zu wirken. Doch wird er statt im Norden offensichtlich im Süden (Jerusalem und sein Hafen Jafo) lokalisiert. Die Wege und Umwege des Jona bis zu seinem Ziel Ninive werden in den vier Kapiteln des Buches in einem hervorragenden Erzählungsstil beschrieben, wobei die Handlungsabläufe durch Sprachaktionen erläutert und zugleich zusammengeordnet sind. Der Hauptakteur des Geschehens ist aber nicht Jona, sondern Jahwe, was bei aller Differenz des Jonabuches gegenüber anderen Prophetenbüchern »gut prophetisch« ist. Jona ist allerdings von Anfang bis zu Ende Jahwes Partner, aber fast durchweg im Sinn eines Widerparts.
Der Stoff ist den zwei Hauptschauplätzen gemäß (Schiff und Fisch einerseits, Ninive andererseits) in zwei Hauptteilen dargeboten: I = Kap. 1 und 2, II = Kap. 3 und 4. Ihre Unterteilung ist im Detail umstritten. Dieser Kommentar legt folgende Texteinheiten zugrunde: 1^{1-3} 1^{4-16} 2^{1-11} 3^{1-10} und 4^{1-11}. Der Text ist in sehr gutem Zustand, doch siehe 1^{8a}.
Einheitlichkeit und Datierung. Die Quellenscheidung hat auch vor dem Büchlein Jona nicht haltgemacht. Sie ist mit Recht von der Mehrheit der Exegeten heute aufgegeben. Man nimmt meistens nur noch an, der Jona-Psalm (2^{3-10}) sei später eingefügt worden. Doch die Gründe für eine nachträgliche Einfügung des Psalms schlagen nicht durch. Der Psalm ist eine auf das geschilderte Geschehen hin verfaßte

Dichtung. Dieses Danklied könnte aus Gründen der Form und der Aussagen keineswegs im Psalter untergebracht werden, so sehr es auch von der Psalmensprache geprägt ist.

Die Sprache des Buches ist wegen der vorkommenden Aramaismen und Kanaanismen als klar nachexilisch zu charakterisieren und weist dabei eher auf ein späteres als früheres Entstehungsdatum hin. Sodann lehnt sich der Verfasser im Ganzen und im Detail an andere Bibeltexte an. Das Büchlein nimmt sich wie eine große Illustration von Jer 18^{7f} aus, vgl. auch Jer 26^{3}. Die dtr eingefärbte Umkehrtheologie des Jeremia-Buches bildet den Hintergrund dieser ganzen Jonageschichte. 3^{8-10} verraten deutlich den Rückgriff auf die Elijatradition von 1 Kön 19^{4}. In 3^{9f} und 4^{2} ist Joël 2^{13f} aufgenommen, zum großen Teil wörtlich. Es besteht eine Abhängigkeit Jonas von Joël, nicht umgekehrt. Der Verfasser des Jonabuches gehört also zu jenem Kreis früher Schriftgelehrter, welche sich studierend gleichsam über die heiligen Schriften beugten, um sie für ihre Generation in weisheitlich eingefärbten Lehrerzählungen zu aktualisieren. Dabei wurden auch außerbiblische Stoffe, sei es folkloristischer, sei es gar mythologischer Art, in die literarische »Verkündigung« eingeschmolzen. Die Fischgeschichte im Jonabüchlein ist ein solcher Stoff, welcher sich vielfältig vorfindet, besonders aber in der griechischen Mythologie und Folklore, die spätestens in der hellenistischen Epoche an der Ostküste des Mittelmeers bekannt waren. Nimmt man abwägend alle einschlägigen Beobachtungen am Jonabuch zusammen, ergibt sich als Abfassungszeit das 4. Jh. v. Chr. (eher Mitte als Ende des Jh.).

Literarische Gattung. Die griechisch-okzidentale Tendenz – sie beginnt schon in G sich klar abzuzeichnen –, alle Erzähltexte der Bibel im historischen Sinn zu verstehen, hat allzu lange die kirchliche Exegese und Verkündigung beherrscht. Dabei hätte der Reichtum der profanen »Wort-Welt«, wie man das prägende Kulturphänomen Literatur auch bezeichnen kann, den Geist doch dafür offen machen können, daß an sich alle Literaturgattungen – ausgenommen kann da nur der Mythos (Göttergeschichte) talis qualis sein – Gefäße göttlicher Offenbarung zu werden vermögen, weil sie alle ihre je eigene Wahrheit ausdrücken und ihre je eigene sinnvolle Funktion im menschlichen Geistesleben erfüllen. Ferner hätten die Gleichnisse Jesu, die als Erzählungen auftreten, darauf aufmerksam machen können, daß ihre Verbindlichkeit nicht von der Historizität des in den Parabeln Erzählten abhängt. Jeder historische Fundamentalismus in der Bibelauslegung verrät einen Mangel an Verständnis dafür, daß die nächste Welt des Menschen die »Wort-Welt« in ihrer großen und fruchtbaren Mannigfaltigkeit ist. Darüber hinaus ist er insofern »unfromm«, als er sich erkühnt, Gott die Modi seiner Offenbarung vorzuschreiben. Man gerät hier ganz in die Nähe des eigensinnigen Jona, der Gott nicht Gott sein lassen will.

Die vielen und zumeist respektablen Bemühungen der Vergangenheit (bis ins 20. Jh. hinein), das Buch Jona historisch zu deuten, mußten und müssen letztlich an folgenden Fakten scheitern: 1. Das Buch stammt aus der nachexilischen Zeit. Die Distanz zum historischen Jona ben Amittai beträgt damit etwa 400 Jahre. Mündliche oder schriftliche Überlieferungen als mögliche Brücke sind nirgends zu greifen. 2. Ein Gang eines israelitischen Propheten in die assyrische Hauptstadt Ninive ist geschichtlich nicht wahrscheinlich zu machen (auch nicht durch 2 Kön 14^{25}), erst recht nicht die Bekehrung Ninives und des assyrischen Großkönigs zum Gott Israels oder auch nur zum einen Gott. 3. Die Ausmaße, die für Ninive angegeben werden (60–80 km Durchmesser), sind schlechthin unhistorisch. Auch war Ninive, das 612 von den Babyloniern und Medern zerstört wurde, in der Zeit Israels kein Stadtkönigtum, sondern seit dem 8. Jh. die Hauptstadt Assurs, dessen König den Titel »König von Assur« trug. Dekrete, die neben dem Großkönig auch noch die »Großen« (Aristokraten) unterzeichneten (vgl. 3^{7}), gab es erst am persischen Hof. 4. Wie in Legenden reiht sich hier Wunder an Wunder, während die Wunder der Heilsgeschichte »Großtaten« Gottes sind und glaubenweckende Zeichen. 5. Jona ist ein überaus kunstvoll ausgearbeitetes Buch, das zugleich voll von Anspielungen auf andere Bibeltexte ist. Die Jona-Erzählung ist kein Geschichtsbericht.

Wird dieses Ergebnis aber nicht vom NT Lügen gestraft? In Mt 12^{38-40} 16^{4} Lk 11^{29-32} ist vom Jona-Zeichen die Rede als Vorauszeichen für Jesu Auferstehung aus dem Grab. Auch wird dabei die Bekehrung Ninives als Kontrast zur Haltung Israels angeführt. Die Typik, die hier obwaltet, verlangt keineswegs, daß das »Vorbild« realhistorisch sei. Jeder Prediger kann vom »Barmherzigen Samariter«, vom »Verlorenen Sohn«, vom »Armen Lazarus« reden, um erlebte Wirklichkeit damit zu vergleichen, ohne deswegen behaupten zu müssen, Jesu Gleichnisse machten historische Aussagen. Im profanen Bereich finden wir Analoges: Die »Helden« und »Heldinnen« der dramatischen oder erzählenden Literatur werden öfter beschworen zur Kennzeichnung gegenwärtigen Geschehens. Ein historischer und ein literarischer Typus unterscheiden sich also im »Typussein« nicht wesentlich.

Die negative Bestimmung, »Jona« sei kein historisch gemeinter Erzähltext, fordert sodann eine positive Zuordnung des Buches zu einer der uns bekannten Gattungen erzählender Literatur. Hier legt sich aus der spätjüdischen Welt die Gattung des Midrasch nahe. Die Midraschim leben durchweg aus der erbaulichen Auslegung, Ausfaltung und Illustrierung von Schrifttexten, die für eine bestimmte Situation von Bedeutung und darum für eine Aktualisierung besonders geeignet sind. Als Haftpunkte des Jona-Midraschs lassen sich unschwer Texte wie 2 Kön 14^{25} Jer 18^{7f} (vgl. Jer 25^{5} 26^{3}) 33 (der »Kontrastkönig«) 1 Kön $19^{4.9}$ Ex 34^{6} Joël 2^{13f} festmachen. Doch ist unser Jona-Midrasch eine künstlerisch bemerkenswert durchgestaltete Erzählung, die man unter diesem Gesichtspunkt der Gattung der Novelle zurechnen kann. Sie teilt mit ihr nicht nur die Verkürzungstechnik, sondern auch den Charakter des Neuartigen in der Pointierung des das Normale unterbrechenden Außergewöhnlichen. Ihr Realitätsbezug besteht vor allem in ihrer Intention, eine weisheitlich orientierte Lehrerzählung, also »narrative Theologie« zu sein. Sie ist dies in einer unaufdringlichen Weise, die mit Humor und Ironie einhergeht. So ist das Jonabuch zu einem kunstvollen Gefäß der Offenbarung geworden, dessen Inhalt kostbar und köstlich zugleich ist.

Theologische Botschaft. Jona ist durch und durch theozentrisch. Der Hauptakteur ist Jahwe selbst, so daß man dem Buch die Überschrift geben könnte: »Die Geschichte Jahwes mit seinem Propheten Jona.« Jona ist dabei ein Partner Jahwes, der dem Ideal eines Propheten nicht entspricht. Er hat nicht nur einige Schwierigkeiten mit seinem Gott wie Mose und vorab Jeremia, sondern er leistet fundamental und durchhaltend Widerstand gegen seinen Sonderauftrag für Ninive. Er will seinem Gott aufzwingen, nur für Israel ein gnädiger und barmherziger Bundesgott zu sein und über die Israel feindselige Völkerwelt nur als ein strenger Gott der vergeltenden Gerechtigkeit zu walten. Jona ist dabei gewiß auch als Repräsentant bestimmter und vielleicht auch bestimmender Kreise in der nachexilischen Jahwegemeinde anzusehen. Gegen solches die Jahweoffenbarung verengendes, ja verstellendes Denken und Wünschen muß der inspirierte Verfasser des Jonabuches aufstehen, und er tut es sichtlich mit Mut und beredter Zunge. Auf ihn und nicht auf Jona kann darum das Michawort (3^8) vom wahren Propheten Anwendung finden.

Das Erwählungsprivileg Israels wird vom Autor des Buches nicht in Frage gestellt, aber daß man es ausspielen könnte gegen die Souveränität des Waltens Gottes an den Völkern, wie Jona es tut, wird nicht einmal im Angesicht der »bösesten« aller Städte und Mächte toleriert. Das Jonabuch steht mit dieser Verkündigung vom universalen Heilswillen Jahwes nicht allein. Schon die Vätergeschichte hat in Gen 12^3 den Ausgriff Gottes nach Abraham als Vorgriff auf die Völkerwelt erklärt. In der Exilszeit haben Deutero-Jesaja und insbesondere die Jahweknecht-Lieder Israel mit einem allumfassenden Heilshorizont konfrontiert. Dem entspricht Mal 1^{11}. Jes 19^{16-25}, ein Text aus der Epoche des Jonabuches, verheißt einen gemeinsamen Gottesbund zwischen Ägypten, Assur und Israel. In seiner diese Verkündigung aufnehmenden und in einer »theologia narrativa« entfaltenden Botschaft stößt das Buch Jona vor bis zur Grenze und zugleich Erfüllung des Jahwe-Israel-Bundes in Jesus, dem Christus, in welchem die besondere Heilsgeschichte Gottes mit Israel auf die ganze Menschenwelt hin entgrenzt wird. Unser Buch bereitet die Verkündigung Jesu von der abgründigen Barmherzigkeit des göttlichen Vaters vor, die sich insbesondere an allen Sündern, welche es auch seien, als heilschaffend erweisen will.

LITERATURHINWEISE

I. Vgl. die Gesamtkommentare zum Zwölfprophetenbuch, in: A. Deissler, Hosea, Joël, Amos (Die Neue Echter Bibel), Würzburg 1981, S. 5.
II. Ausführliche, thematisch klassifizierte *Literaturübersicht* bei H. W. Wolff, BK.AT XIV 3, Neukirchen 1977, 67–72. Literaturbericht (1961–1970) in: G. Fohrer: ThR 45 (1980) 209– 212.
III. *Neuere deutsche Kommentare zu Jona:* G. Fohrer, Jona (Die Propheten des AT 7) Prophetenerzählungen, Gütersloh 1977, 181–188. W. Rudolph, Jona (KAT XIII 2), Gütersloh 1971, 323–371. A. Weiser, Jona (ATD 24), Göttingen [7]1979, 215–227. H. W. Wolff, BK.AT XIV 3, Neukirchen 1977, 53–151.
IV. *Wichtige ältere und ausländische Kommentare:* G. Ch. Aalders, Jona (Commentaar op het Oude Testament), Kampen 1958. J. A. Bewer, Jonah (ICC), Edinburgh 1972. M. Delcor Jona (La Sainte Bible VIII 1), Paris 1961. C. A. Keller, Jonas (Commentaire de l'Ancien Testament XIa), Neuchâtel 1965. Th. H. Robinson, Jona (HAT 14), Tübingen [2]1954. E. Sellin, Jona (KAT 20), Leipzig [3]1929. R. v. Ungern-Sternberg / H. Lamparter, Jona. Der Tag des Gerichtes Gottes (Die Botschaft des Alten Testaments 23, 4), Stuttgart 1960.
V. *Wichtige Monographien und Beiträge:* R. E. Clements, The Purpose of the Book of Jonah (VTS 28), Leiden 1975, 16–28. G. H. Cohn, Das Buch Jona im Licht der biblischen Erzählkunst (Studia semitica Neerlandica 12), Assen 1969. T. E. Fretheim, Jonah as a *māšal.* Jonah and theodicy: ZAW 90 (1978) 227–237. O. Kaiser, Wirklichkeit, Möglichkeit und Vorurteil. Ein Beitrag zum Verständnis des Buches Jona: EvTh 33 (1973) 91–103. G. M. Landes, Jonah: a *māšal*?, in: Israelite Wisdom, Festschrift S. Terrien, New York 1978, 137–158. R. Pesch, Zur konzentrischen Struktur von Jona 1: Bib. 47 (1966) 577–581. G. v. Rad, Der Prophet Jona, in: O. H. Steck (Hrsg.), Gottes Wirken in Israel. Vorträge zum Alten Testament, Neukirchen 1974, 65–78. L. Schmidt, De Deo. Studien zur Literaturkritik und Theologie des Buches Jona (BZAW 143), Berlin usw. 1976. S. Schreiner, Das Buch Jona – ein kritisches Resümee der Geschichte Israels, in: Theologische Versuche IX (1977) 37–45. U. Steffen, Das Mysterium von Tod und Auferstehung. Formen und Wandlungen des Jona-Motivs, Göttingen 1963. G. Vanoni, Das Buch Jona (Arbeiten zu Text und Sprache des Alten Testaments 7), St. Ottilien 1978. P. Weimar, Literarische Kritik und Literarkritik. Unzeitgemäße Beobachtungen zu Jona 1,4–16, in: L. Ruppert / P. Weimar / E. Zenger (Hrsg.), Künder des Wortes. Festschrift J. Schreiner, Würzburg 1982, 217–235. H. Witzenrath, Das Buch Jona (Arbeiten zu Text und Sprache des Alten Testaments 6), St. Ottilien 1978. H. W. Wolff, Studien zum Jonabuch (Biblische Studien 47), Neukirchen [2]1975.
VI. *Jona und das Judentum:* L. Ginzberg, The Legends of the Jews 4, Philadelphia [6]1954, 239–253. A. M. Goldberg, Jonas in der jüdischen Schriftauslegung: Bibel und Kirche 17 (1962) 17–19. F. Weinreb, Das Buch Jonah. Der Sinn des Buches Jonah nach der ältesten jüdischen Überlieferung, Bern [2]1980.
VII. *Das Jona-Buch im Unterricht und in der Betrachtung:* G. Bader, Das Gebet Jonas. Eine Meditation: ZThK 70 (1973) 162–205. R. P. Litzenburger /

R. Ruß, Jona. Bilder und Texte, Stuttgart 1973. H. Schüngel-Straumann, Umgeworfene Gottesvorstellungen exemplarisch dargestellt an Jona 4,1–11: Katechetische Blätter 98 (1973) 745–752. H. Werner, Jona, der Mann aus dem Getto, Göttingen 1966. Das Buch Jona, thematisches Heft von »Bibel und Kirche«, Bd. 17, 1, 1962. Überall ist Ninive, thematisches Heft von »Bibel und Kirche", Bd. 27, 3, 1972.

DIE BERUFUNG JONAS: 1^{1-2}

1^1 Das Wort des Herrn erging an Jona, den Sohn Amittais: ^{2} Mach dich auf den Weg, und geh nach Ninive, in die große Stadt, und droh ihr (das Strafgericht) an! Denn die Kunde von ihrer Schlechtigkeit ist bis zu mir heraufgedrungen. 2 Kön 14^{25}

JONAS FLUCHT: 1^{3-16}

^{3} Jona machte sich auf den Weg; doch er wollte nach Tarschisch fliehen, weit weg vom Herrn. Er ging also nach Jafo hinab und fand dort ein Schiff, das nach Tarschisch fuhr. Er bezahlte das Fahrgeld und ging an Bord, um nach Tarschisch mitzufahren, weit weg vom Herrn.

1^{1-3} Die Einleitung der Jonaerzählung stellt deren Exposition dar. Sie führt die Hauptakteure ein (Jahwe – Jona – die Niniviten) und benennt das Zentralthema des Buches: Jahwes Auftrag an Jona und Jonas Verweigerung. Wortereignisformel $^{(1)}$, Botenauftrag, Strafpredigt (ohne inhaltliche Angabe), Anklage $^{(2)}$ und Schilderung der Reaktion Jonas $^{(3)}$ werden in exemplarischer Kürze vorgeführt. Die Verweigerung wird dabei gleich zweimal charakterisiert durch die Angabe: »weit weg von Jahwe«.

Mit »Jona, dem Sohn Amittais«, wird ein Prophet vorgestellt, der aus 2 Kön 14^{25} bekannt ist und damals Jerobeam II. (782–747) als Heilsprophet die Wiederherstellung der früheren Grenzen Israels angekündigt hat. Unser Autor läßt aber Titel *(nābī')* und Geburtsort (Gat- Hefer) weg und überträgt ihm die unerhörte, alle bekannten prophetischen Tätigkeiten weit übersteigende Aufgabe, im fernen Ninive, der »Großstadt« (vgl. auch 3^3) der imperialistischen Assyrer, das Strafurteil Gottes zu verkünden. Ninive, eine der ältesten Städte Mesopotamiens (vgl. auch Gen 10^{11}), wurde von Sanherib (704–681) zur Hauptstadt Assyriens ausgebaut und 612 durch die vereinigten Meder und Neubabylonier endgültig zerstört. Ninives »Schlechtigkeit« bzw. »Bosheit« (vgl. 3^8 und Gen 6^5) ist so unübersehbar – die Assyrer waren das brutalste Kriegervolk des Alten Orients, Israel aus den Katastrophen des Nordreiches (732–721) sehr vertraut –, daß sie Gott gleichsam »in die Augen springt«. Scheinbar »macht sich« Jona, wie alle Propheten, »auf den Weg«, aber er wählt als Ziel nicht den Osten, sondern den äußersten Westen. Tarschisch meint wahrscheinlich die später griechische Kolonie Tartessos in Spanien, einen uralten (vgl. Jer 10^9 Ez 27^{12}) Umschlagplatz am Atlantik. Jedenfalls meinen die biblischen »Tarschisch-Schiffe« (1 Kön 10^{22} 22^{49} u. a.) nicht Küsten-, sondern Hochseeschiffe, die für weite Entfernungen eingesetzt werden. Jona schifft sich unter Bezahlung eines entsprechend hohen Fahrgeldes in Jafo (Jaffa), also nicht in einem Hafen des Nordens, sondern Südens (Juda-Jerusalem) ein.

Von keinem sonstigen Propheten, auch nicht von dem widerstrebenden Jeremia, ist ein solches »Nein« zum prophetischen Auftrag bekannt. Das Motiv dafür wird noch nicht genannt. Es ist jedenfalls, wie 4^2 klar zeigt, nicht die übliche Furcht der

Ps 107^{23-30} 4 Aber der Herr ließ auf dem Meer einen heftigen Wind losbrechen;
Mk 4^{37-41}; es entstand ein gewaltiger Seesturm, und das Schiff drohte auseinan-
Apg 27^{18} derzubrechen. 5 Die Seeleute bekamen Angst, und jeder schrie zu sei-
nem Gott um Hilfe. Sie warfen sogar die Ladung ins Meer, damit das
Schiff leichter wurde.
Jona war in den untersten Raum des Schiffes hinabgestiegen, hatte
sich hingelegt und schlief fest. 6 Der Kapitän ging zu ihm und sagte:
Wie kannst du schlafen? Steh auf, ruf deinen Gott an; vielleicht denkt
dieser Gott an uns, so daß wir nicht untergehen. 7 Dann sagten sie
zueinander: Kommt, wir wollen das Los werfen, um zu erfahren, wer
an diesem unserem Unheil schuld ist. Sie warfen das Los, und es fiel
auf Jona. 8 Da fragten sie ihn: Sag uns, was treibst du für ein Ge-
werbe, und woher kommst du, aus welchem Land und aus welchem

1^{8a} Einige hebräische Hss und G^{BS} lassen die aus 1^7 stammende (erneute) Frage: »Wer ist schuld an diesem unserem Unheil?« aus – und dies mit Recht.

Propheten vor einem moralischen oder gar physischen Scheitern. Wie ein kunstfertiger Erzähler sagt der Autor zum Eingang nur das Nötigste, dies aber so, daß er Hörer und Leser in große Spannung versetzt.

$^{4-16}$ Dieser Erzählungsabschnitt schildert die Reaktion Jahwes auf die Flucht des Jona. Der Bericht hat eine kunstvolle konzentrische Struktur: Um das als Mitte fungierende Bekenntnis des Jona $^{(9)}$, furchterregend für die Seeleute $^{(10a)}$, sind sich spiegelbildlich entsprechende Abfolgen von Berichtssätzen und Redesätzen gelegt. Dies läßt den Erzählfaden zwar nicht ganz geradlinig verlaufen, hebt aber die lehrhafte Funktion des Erzählten eindrucksvoll ins Relief. Dabei tritt besonders das Leitwort »werfen« hervor, das im hebräischen Text den ganzen Geschehensbogen bestimmt: Jahwe wirft den Sturm aufs Meer $^{(4)}$ – die Matrosen werfen die Ladung ins Meer $^{(5)}$ – Jona sagt: Werft mich ins Meer! $^{(12)}$ – sie werfen Jona ins Meer $^{(15)}$.

Der Schauplatz des Geschehens sind das Meer und das Schiff. Jona hat, wie 1^{5c} nachträgt, sein »Hinabsteigen« nach Jafo und sein »Hinabsteigen auf das Schiff« zu Ende gebracht durch sein »Hinabsteigen« in das Unterste des Schiffes. In dieser Konkretisierung des »weit weg von Jahwe« wird zugleich die Todessymbolik (»Hinabsteigen ins Totenreich«, vgl. Ps 55^{16} Ijob 7^9) beschworen. Jahwe erweist sich jetzt als »Herr über das Meer«, also über jene Sphäre, die in den Mythen, aber auch öfter in der Bibel, als unheimliche Macht gilt (vgl. Ps 74^{13f} Jes 27^1). Der von Gott »geworfene« Sturm verursacht so hohen Seegang, daß die Schiffsleute das Schiff schon auseinanderbrechen sehen. Aus verschiedenen Nationen angeheuert, rufen sie ihre jeweiligen Götter um Hilfe an und suchen sich durch Leichtern des Schiffes selbst zu helfen. Nur Jona beteiligt sich – als tief Schlafender – an nichts. Der Kapitän muß ihn erst wecken und fordert ihn nun – vergeblich! – zum Gebet zu seinem Gott auf. Diese Not kann nicht – davon ist die Besatzung überzeugt – ohne einen Schuldigen über sie alle gekommen sein. Darum bemühen sie das Los (wie ist nicht ge-

Volk? 9 Er antwortete ihnen: Ich bin ein Hebräer und verehre Jahwe,
den Gott des Himmels, der das Meer und das Festland gemacht hat.
10 Da bekamen die Männer große Angst und sagten zu ihm: Warum
hast du das getan? Denn sie erfuhren, daß er vor Jahwe auf der
Flucht war; er hatte es ihnen erzählt. 11 Und sie sagten zu ihm: Was
sollen wir mit dir machen, damit das Meer sich beruhigt und uns ver-
schont? Denn das Meer wurde immer stürmischer. 12 Jona antwortete
ihnen: Nehmt mich und werft mich ins Meer, damit das Meer sich be-
ruhigt und euch verschont. Denn ich weiß, daß dieser gewaltige
Sturm durch meine Schuld über euch gekommen ist. 13 Die Männer
aber ruderten mit aller Kraft, um wieder an Land zu kommen; doch
sie richteten nichts aus, denn das Meer stürmte immer heftiger gegen

sagt) und finden in Jona den von der Gottheit Bezeichneten. Menschlich gesinnt fragen sie Jona erst nach Geschäft, Herkunft und Religion aus. Da deckt er seine Identität auf, nennt sich Hebräer, wie die Nichtisraeliten die Israeliten bezeichnen (vgl. Ex 1^{16} 2^{6} 1 Sam $4^{6.9}$ 13^{19} u. a.), und Jahwe-Verehrer, wobei er Jahwe den Heiden in einer singulären Formulierung als »Gott des Himmels, der das Meer und das Festland gemacht hat«, vorstellt (9). Zugleich muß er eingestehen, daß er vor diesem »Gott der ganzen Welt« auf der Flucht ist. Es gerade mit diesem Gott als Verursacher des Unheils zu tun zu haben, versetzt die Matrosen in große Furcht. Darum fragen sie nun Jona selbst, was sie tun sollen. Jona wählt für sich trotzig den Tod. Allerdings wünscht er den Fragern das Leben: Sie sollen nicht durch seine Schuld untergehen. Die Schiffsleute aber versuchen nochmals alles, um alle zu retten. Vergebens. Bevor sie nun zum letzten Mittel greifen, schreien sie zu Jahwe, er solle sie durch die Ausführung seines Willens (vgl. Ps 135^{6}) nicht schuldig werden lassen. Erst jetzt wagen sie, Jona ins Meer zu werfen. Die sofortige Stillung des Seesturms wird ihnen Zeichen und Zeugnis der Allmacht Jahwes, und so werden sie selbst gläubige Jahwe-Verehrer: Sie bringen auf dem Schiff ein Dankopfer dar und geloben erneutes Danken nach der Landung im Zielhafen.

Jahwe und die Matrosen sind in unserem Text die Hauptakteure. Jona spielt in der Hauptsache eine passive Rolle. Der Kontrast zwischen dem nominellen Jahweverehrer und den heidnischen Schiffsleuten ist bedeutend und bedeutsam: Jonas Herz hat sich in seinem »Nein« seinem Gott, an den er nur noch intellektuell glaubt (10), verschlossen, daß er nicht einmal mehr in der Not zu einem Gebetswort findet, sondern fast todessüchtig das Sterben in Kauf nimmt, ja es ertrotzen möchte, nachdem sein Fluchtplan nicht mehr gelingen kann. Die Matrosen jedoch flehen in ihrer Todesangst (5) zu ihren Gottheiten und wenden sich dann, mit Jahwe vertraut gemacht, ihm in tiefer Ehrfucht zu (16) und lassen zugleich eine unerwartete mitmenschliche Sensibilität und Anteilnahme zutage treten. Hier soll augenscheinlich Israel in der Person des Jona – sein Name (= »Taube«) erinnert an das uneinsichtige Volk von Hos 7^{11}, wo Efraim mit einer »Taube ohne Verstand« verglichen wird – ein Spiegel vorgehalten werden: Das Aufsagen des Credo ist ohne entsprechendes Verhalten kein

sie an. 14 Da riefen sie zu Jahwe: Ach Herr, laß uns nicht untergehen
wegen dieses Mannes, und rechne uns, was wir jetzt tun, nicht als
Vergehen an unschuldigem Blut an. Denn wie du wolltest, Herr, so
hast du gehandelt. 15 Dann nahmen sie Jona und warfen ihn ins Meer,
Mk 4^{41} und das Meer hörte auf zu toben. 16 Da ergriff die Männer große
Furcht vor Jahwe, und sie schlachteten für Jahwe ein Opfer und
machten ihm viele Gelübde.

DIE RETTUNG DES PROPHETEN: 2^{1-11}

2^{1} Der Herr aber schickte einen großen Fisch, der Jona verschlang.
Jona war drei Tage und drei Nächte im Bauch des Fisches, 2 und er
betete im Bauch des Fisches zum Herrn, seinem Gott:

Ps 130^{1} 3 In meiner Not rief ich zum Herrn,
und er erhörte mich.
Klgl 3^{55} Aus der Tiefe der Unterwelt schrie ich um Hilfe,
und du hörtest mein Rufen.
4 Du hast mich in die Tiefe geworfen,
in das Herz der Meere;
Ps 42^{8} mich umschlossen die Fluten,
all deine Wellen und Wogen
schlugen über mir zusammen.

echtes, vor Gott und den Menschen gültiges Glaubensbekenntnis. Wo aber Israel in Anrede steht, ist auch das neubundliche Gottesvolk angeredet. Auch ihm gilt das Wort von Mt 11^{21}. Nicht weniger beachtenswert für die Kirche scheint im Licht von Jona 1 das Jesuswort von Mt 19^{30}, vgl. 20^{16}, zu sein.

2^{1-11} In dieser Erzählszene, in der nur $^{1-2}$ und ^{11} in Prosa berichten, während $^{3-10}$ einen Psalm darstellen, treten wieder (wie in der Exposition) Jahwe und Jona als Hauptakteure auf. Der Erzählfaden knüpft an 1^{15} an; wie in 1^{4} benützt Jahwe als Herr der Natur ein Geschöpf, um mit Jona zu seinem Ziel zu kommen. Der Psalm läßt in einem berichtenden Rückblick erkennen $^{(4-8)}$, daß der Prophet bis zu den »Wurzeln der Berge«, also ins tiefste Urmeer hinabgerissen worden war (*jārad* – in Verlängerung des Hinabsteigens von $^{3.4.5}$). Als der Fisch ihn verschlingt und in seinem Bauche birgt, wird Jona dadurch wunderbar vor einem grausigen Tod des Ertrinkens gerettet. Diese Rettungshandlung Jahwes veranlaßt den Propheten zu seinem »Dankpsalm im Fischbauch«. Daß es sich nicht um ein Klage-, sondern um ein Danklied handelt, ist an folgenden Kriterien überdeutlich: 1. Eine dem Dankpsalm des Hiskija (Jes 38^{9-20}) ähnliche Struktur. 2. Das Motiv »Erhörung des Rufens« (vgl. Ps 18^{7} 118^{5} 138^{3} u. a.). 3. Die Schilderung der überstandenen Not $^{(4-7)}$. 4. Das Rettungsbekenntnis in $^{1.7c.8b}$. 5. Das Dankversprechen in ^{10}.

Mit seiner Fischgeschichte greift der Autor ein Motiv auf, das in vielen Sagen verschiedener alter Völker – eine davon ist gerade für Jafo bezeugt – eine Rolle spielt und ursprünglich mit dem Sonnenmythos (bei Nacht »Transport« von West

5 Ich dachte: Ich bin aus deiner Nähe verstoßen. Ps 31^{23}
Wie kann ich deinen heiligen Tempel wieder erblicken?
6 Das Wasser reichte mir bis an die Kehle, Ps 69^{2f}
die Urflut umschloß mich;
Schilfgras umschlang meinen Kopf.
7 Bis zu den Wurzeln der Berge,
tief in die Erde kam ich hinab;
ihre Riegel schlossen mich ein für immer.
Doch du holtest mich lebendig aus dem Grab herauf, Ps 40^{3}; 30^{4}
Herr mein Gott.

nach Ost im Bauch eines Seeungetüms) zusammenhängen mag.
Der Jonapsalm weist deutliche Anklänge an andere Psalmen auf (zur Erhörung des Rufens vgl. Ps 118^{5} 120^{1} 138^{3} u. a.; zur »Meerestiefe« vgl. Ps 107^{24}; 2^{4b} = Ps 42^{8}, vgl. dazu Ps 88^{8}; 2^{5a} gleicht Ps 31^{23}; zur Sehnsucht nach dem »heiligen Tempel« [2^{5}] vgl. Ps 5^{8} 138^{2}; zu 2^{6a} vgl. Ps 69^{2}; zu 2^{7c} vgl. Ps 30^{4} 40^{3}; zu 2^{8a} vgl. Ps 107^{5}; zu 2^{8b} vgl. Ps 18^{7}; zu 2^{9} vgl. Ps 31^{7}; zu 2^{10} vgl. Ps 50^{8}). Dennoch unterscheidet sich unser Psalm dadurch von allen verwandten Texten, daß er nicht in metaphorischen Bildern redet, sondern seine Situationsschilderung ganz konkret meint und dies mit dem im Psalter nie erwähnten »Schilfgras um den Kopf«-Motiv (2^{6}) unterstreicht. Der Jonapsalm ist also eigens für das Jonabuch gedichtet. Ob er von seinem Autor selbst stammt, ist umstritten. Die Gründe gegen die Ursprünglichkeit des Psalms sind gewichtig, aber nicht durchschlagend. Er paßt stimmig zur Situation; er nimmt beim Motiv der »Meerestiefe« das charakteristische Wort *jārad* von 1^{3} (2 ×) und 1^{5} (»absteigende Jonalinie« an ihrem Endpunkt) auf; im Erzählfaden hat er die in der Literatur beliebte Funktion eines retardierenden Moments. Der so betende und darin vorab dem Tempel verbundene Jona steht keineswegs in einem unerträglichen Widerspruch zu dem am Ende in der Angelegenheit »Ninive« immer noch Gott trotzenden Propheten. In 3^{3} ist er ja auch zunächst ein Mann, der sich – anders als in 1^{3} – gehorsam zeigt, und dies kann doch auch nicht als Gegensatz zu seiner fortwährenden Gegenposition zu Gott in der »Sache Ninive« angesehen werden.
In Kapitel 2 wird der Typus des Heilshandelns Jahwes als eines Rettungswaltens, das die Linie der menschlichen Todverfallenheit an ihrem tiefsten Punkt umbiegt und zu einer Lebenslinie (zur Höhe und »Erhöhung« hin) wandelt, bezeugt. Es handelt sich jedoch nicht wie in Jes 53 um die Rettung des der göttlichen Rettungstat würdigen Gerechten, sondern eines dieser Gnade Unwürdigen. Doch hat speziell dieses göttliche Heilswalten – darin ist wieder Übereinstimmung mit Jes 53 festzustellen – seinen letzten Grund in einem übergreifenden göttlichen Heilsplan, und es bedeutet in beiden Fällen eine »Legitimierung des Gottgesandten«. Hier haben wir jedenfalls eine Illustration der Erfahrung von Ps 18^{17} vor uns: »Er griff aus der Höhe herab und faßte mich, zog mich heraus aus gewaltigen Wassern« (in Ps 18 metaphorisch, in Jona 2 konkret verstanden). Nach Mt 12^{38ff} ist der Aufenthalt des Jona im Fischbauch (drei Tage und drei

8 Als mir der Atem schwand, dachte ich an den Herrn,
Ps 18^{7} und mein Gebet drang zu dir, zu deinem heiligen Tempel.
Ps 31^{7} 9 Wer nichtige Götzen verehrt,
der handelt treulos.
Ps 22^{26}; 116^{17f} 10 Ich aber will dir opfern und laut dein Lob verkünden.
Was ich gelobt habe, will ich erfüllen.
Vom Herrn kommt die Rettung.
11 Da befahl der Herr dem Fisch, Jona ans Land zu speien.

JONA IN NINIVE: 3^{1-10}

3 1 Das Wort des Herrn erging zum zweitenmal an Jona: 2 Mach dich
auf den Weg, und geh nach Ninive, in die große Stadt, und droh ihr
all das an, was ich dir sagen werde. 3 Jona machte sich auf den Weg
und ging nach Ninive, wie der Herr es ihm befohlen hatte. Ninive
war eine große Stadt vor Gott; man brauchte drei Tage, um sie zu
durchqueren. 4 Jona begann, in die Stadt hineinzugehen; er ging
einen Tag lang und rief: Noch vierzig Tage, und Ninive ist zerstört!
Mt 12^{41}; 5 Und die Leute von Ninive glaubten Gott. Sie riefen ein Fasten aus,
Lk $11^{30.32}$. und alle, groß und klein, zogen Bußgewänder an. 6 Als die Nachricht
Ez 26^{16} davon den König von Ninive erreichte, stand er von seinem Thron

Nächte) ein auf Jesu Tod und Auferstehung hinweisendes Zeichen. Der Dankpsalm des Jona ist ein beredtes Zeugnis dafür, daß dieser »Aufenthalt«, wiewohl mit dem Weilen in der Unterwelt verwandt, schon eine erste Errettung aus dem Tode darstellt. Der Psalm gipfelt im frohen Bekenntnis: »Vom Herrn kommt die Rettung« (vgl. Ps 3^{9}). Es ist das Vermächtnis des dankenden Jona an Israel – und an die Kirche und ihre gläubigen Glieder.

3^{1-10} Wie in 1^{1} das ganze Buch mit der Wortereignisformel eröffnet wird, so jetzt die Szene von 3^{1-10}, welche den zweiten Teil des Buches einleitet. »Zum zweitenmal« weist ausdrücklich darauf hin. Die Ausführungsbeschreibung $^{(3f)}$ legt den Akzent zuerst auf das Tun Jonas und die Beschreibung Ninives und bringt dann als Höhepunkt den Drohspruch gegen die Stadt, der eine bemerkenswerte lapidare Kürze aufweist (nur fünf, d. h. eine Handvoll Wörter). Die übliche prophetische Begründung (Anklage) wird nicht gegeben, sondern vorausgesetzt. Gleiches gilt für eine an sich fällige Umkehraufforderung. In ^{5} wird (in Vorwegnahme) die globale Umkehr berichtet, während $^{6-9}$ in einer Art »Nachholung« den »König von Ninive« als Hauptakteur auf die Bühne stellen, der durch ein Edikt $^{(7-9)}$ die allgemeine Umkehr in Gang gebracht hat (darum bei ^{6} öfter Übersetzung im Plusquamperfekt). ^{10} artikuliert die der Umkehr Ninives korrespondierende »Umkehr« Gottes (Elohim), welche Rettung für die Stadt bedeutet.

Ninive wird gegenüber 1^{2} als »große Stadt« in gesteigertem Sinn bezeichnet: Sie ist selbst in Gottes Augen übergroß. Drei Tagemärsche (= mindestens 60 km) sind als Durchmesser angegeben. Das historische Ninive, nach damaligen Maß-

auf, legte seinen Königsmantel ab, hüllte sich in ein Bußgewand und
setzte sich in die Asche. 7 Er ließ in Ninive ausrufen: Befehl des Kö-
nigs und seiner Großen: Alle Menschen und Tiere, Rinder, Schafe
und Ziegen, sollen nichts essen, nicht weiden und kein Wasser trin-
ken. 8 Sie sollen sich in Bußgewänder hüllen, Menschen und Tiere.
Sie sollen laut zu Gott rufen, und jeder soll umkehren und sich von
seinen bösen Taten abwenden und von dem Unrecht, das an seinen

stäben eine sehr große Stadt, hatte allerdings nur etwa 5 km Länge. Daraus zu schließen, daß Ninive hier die stark besiedelte Region der Stadt mitumfasse, verkennt den lehrhaften Charakter der Erzählung. Jona begnügt sich mit einem einzigen Tag Marsch und Verkündigung. Er prophezeit kurz und bündig den Untergang der Stadt nach 40 Tagen. Das Wort, das er für »zerstören« verwendet, heißt eigentlich »umstülpen« und findet sich vornehmlich in der Tradition vom Untergang Sodoms und Gomorras (vgl. Gen $19^{21.25.29}$ Dtn 29^{22} Klgl 4^{6}). Die »40 Tage« weisen auf eine Zeit des Fastens und Büßens hin (vgl. Ex 34^{28} Dtn $9^{18.25}$ 1 Kön 19^{8}). Damit ist wenigstens indirekt eine Rettungsmöglichkeit durch Umkehr angesagt. Der knappe Gerichtsruf, nur kurz verkündet, geht wie ein Lauffeuer durch die Stadt und provoziert deren Bekehrung. Sie spricht sich zunächst darin aus, daß die Niniviten »Gott glauben«, also das tun, was Jerusalem nicht getan hat, als der Prophet Jesaja verkündete: »Glaubt ihr nicht, so bleibt ihr nicht« (Jes 7^{9}). Ninive verhält sich wie das aus Ägypten befreite Israel in Ex 14^{31} und wie Abraham in Gen 15^{6}. Alle Leute unterziehen sich sodann einem öffentlichen Fasten und hüllen sich in Sackzeug. Damit wird der Umkehrwille sinnenfällig bezeugt. Mit dem literarischen Kunstmittel der Nachholung wird hierauf in $^{6-9}$ der »König von Ninive« (urkundlich heißt er »König von Assur«) als die treibende Kraft dieser Bekehrung herausgehoben. Er wird als Gegenbild zum König Jojakim dargestellt (vgl. Jer 36). Als dieser die Rolle mit den Strafankündigungen des Jeremia vorgelesen bekommt, bleibt er auf dem Thron sitzen und schneidet Stück für Stück ab, so daß am Ende die ganze Rolle ein Opfer des Feuers geworden ist. Der König der »bösen« (vgl. 1^{2} 3^{8}) Stadt Ninive – in Nah 3 »Blutstadt« genannt – hört vom Drohwort des Jona, steht vom Thron auf, legt alle Königsinsignien ab und setzt sich als Büßer in die Asche. Seine Königsmacht gebraucht er nur noch, um Menschen und Tieren eine absolute Enthaltsamkeit aufzuerlegen und sie alle in Sackgewänder zu stecken (auch die Tiere, was ein übertreibender, aber den generellen Bußwillen unterstreichender Zug der Erzählung ist). Das Bußdekret »predigt« gleichsam (wie Jer $18^{8.11}$ 25^{5}) die Abkehr vom Weg des Bösen und der Schuld. Diese Umkehr soll ein Appell an den in Freiheit waltenden Gott sein, daß auch er »umkehre« und in Mitleid auf die Strafe verzichte und sich so vom Zorngericht abkehre. Dazu benützt der Verfasser den Wortlaut von Joël 2^{14a} (»Vielleicht kehrt Jahwe um, und es reut ihn«) und ergänzt ihn durch Ex 32^{12} (»Laß ab von deinem glühenden Zorn!«). Was der König und mit ihm die Niniviten erhoffen, tritt ein: Gott sieht ihre Umkehr und nimmt die Untergangsdrohung zurück. Dies

Jer 18^{8}; Joël 2^{14}; Am 5^{15}

Händen klebt. 9 Wer weiß, vielleicht reut es Gott wieder, und er läßt
ab von seinem glühenden Zorn, so daß wir nicht zugrunde gehen.
10 Und Gott sah ihr Verhalten; er sah, daß sie umkehrten und sich
von ihren bösen Taten abwandten. Da reute Gott das Unheil, das er
ihnen angedroht hatte, und er führte die Drohung nicht aus.

DIE BELEHRUNG DES PROPHETEN: 4^{1-11}

4^{1} Das mißfiel Jona ganz und gar, und er wurde zornig. 2 Er betete
zum Herrn und sagte: Ach Herr, habe ich das nicht schon gesagt, als

wird mit Hilfe des Vokabulars von $^{8-9}$ ausgedrückt, und darum wird hier auch »Gott« (Elohim) gesagt, wiewohl Jahwe gemeint ist.

Jona 3 hält Israel und Jerusalem einen Spiegel vor. Viele Propheten, darunter erstaunliche Bekenner- und sogar Martyrergestalten, haben vielmals und meist jahrelang Volk und Stadt bestürmt umzukehren, aber vergeblich. Ein König wie Jojakim (608–598) hat Jeremia nicht nur abgelehnt, sondern schwer verfolgt und den Propheten Urija sogar getötet (Jer 26^{20ff}). Ninive und sein König bilden dazu einen gewaltigen und provozierenden Kontrast: Fünf Worte genügen, um bei ihnen den Glauben an den Herrn der Geschichte zu wecken und ihre Umkehr zu bewirken. Sie stellen sich vertrauend ins freie Walten Gottes. Und dieser Gott erweist sich als ein solcher, der angesichts der Umkehr der bösen und gewalttätigen Stadt »aus freien Stücken« bzw. »aus Großmut« (vgl. Hos 14^{5}) sich ihr zukehrt und sein Strafurteil in einem Gnadenakt aufhebt.

Das Phänomen, daß Heiden eher zu Glauben und Umkehr kommen als das Offenbarungsvolk, findet sich auch im NT (vgl. Mt 8^{10f} 11^{21ff} 12^{41}). Diese Worte gelten auch für das neubundliche Gottesvolk, insbesondere bei jener Jona-Lesung Mt 12^{41}.

4^{1-11} hat zwei Unterabschnitte: I = 4^{1-4} und II = 4^{5-11}. I wird öfter aus literarisch-stilistischen Gründen (konzentrische Struktur?) zur vorausgehenden Szene gerechnet. Doch eröffnet der Text zugleich den Schlußdialog zwischen Jahwe und Jona, und zwar so, daß zunächst Jona als Hauptakteur auftritt und mit seiner »Selbstenthüllung« die Grundlage für alle folgenden Reden und Handlungen legt. Darum kann man I und II als ein einziges Szenarium betrachten. Bei II ist ^{5} am schwierigsten zu erklären. Darum wird der Vers auch häufig hinter 3^{4} versetzt, wo er von der zeitlichen Abfolge her am besten am Platz zu sein scheint. Doch zeigt der Erzähler auch sonst (z. B. in 3) seine Vorliebe für das Stilmittel der »Nachholung«, welche die Zeitlinie aufsprengt. Damit muß man auch in 4^{5} rechnen. Darum wird der Satz heute auch oft belassen und plusquamperfektisch übersetzt. In jedem Fall wird in ^{5} der Schauplatz bestimmt, auf welchem sich Jahwe-Elohim $^{(6)}$ als Hauptakteur handelnd und redend um die Belehrung Jonas müht. In $^{6-11}$ hat der Gottesname Elohim den Vorrang, wohl weil hier Jahwe eindeutig auf der Seite Ninives steht.

I. $^{1-4}$ Wörtlich sagt ^{1}: »Es wurde Jona böse in großer Bosheit.« Das Stichwort »Bosheit« knüpft an seinen dreimaligen Gebrauch in 3^{8-10} an (Kennzeichnung der Niniviten zwei-

ich noch daheim war? Eben darum wollte ich ja nach Tarschisch flie-
hen; denn ich wußte, daß du ein gnädiger und barmherziger Gott Ex 34^{6}; Joël 2^{13}
bist, langmütig und reich an Huld und daß deine Drohungen dich
reuen. 3 Darum nimm mir jetzt lieber das Leben, Herr! Denn es ist 1 Kön 19^{4}
für mich besser zu sterben als zu leben. 4 Da erwiderte der Herr: Ist
es recht von dir, zornig zu sein?
5 Da verließ Jona die Stadt und setzte sich östlich vor der Stadt nie-
der. Er machte sich dort ein Laubdach und setzte sich in seinen
Schatten, um abzuwarten, was mit der Stadt geschah. 6 Da ließ Gott,
der Herr, einen Rizinusstrauch über Jona emporwachsen, der seinem
Kopf Schatten geben und seinen Ärger vertreiben sollte. Jona freute
sich sehr über den Rizinusstrauch. 7 Als aber am nächsten Tag die

mal, das daraus resultierende Unheil einmal). Jona tritt also gleichsam in die Bosheit Ninives ein und übernimmt sie: Weil Gott die angedrohte Vernichtung der Stadt nicht durchführt, wird er mißgünstig, ja zornig aus seinem Schadenswillen gegen die verhaßte Stadt heraus. Er wollte und will Gewalt gegen die Stadt, und dies in Widerspruch zu seinem Gott, der in Mitleid von seinem eigenen Zorn gegen Ninive abließ. Seinen Widerspruch formuliert Jona sogar verwegen in einem Gebet. In ihm enthüllt er, plötzlich wortreich geworden, daß er von Anfang an nur Ninives Untergang wollte und darum den Fluchtversuch unternahm. Die Zusage von Ex 34^{6}: »Jahwe ist ein barmherziger und gnädiger Gott, langmütig, reich an Huld und Treue« – Jona zitiert den Text in der Form von Joël 2^{13} – sollte und dürfte nach Jonas Willen nur für Israel gelten. Daß sich Gott auch umkehrwilligen Heidenvölkern gegenüber als Erbarmer erweise, wollte Jona im vorliegenden Fall verhindern. Nachdem Jona das Nichteintreffen seines Gerichtswortes – es hat entgegen Jonas Willen die Umkehr provoziert – als ein Scheitern seines Berufs und Lebens ansieht, begehrt er, ähnlich wie Elija in 1 Kön 19^{4}, von Gott den Tod. Jahwe geht auf die Klageworte des Propheten nicht ein, sondern nur auf die Quelle, aus der sie sich speisen, auf Jonas Zorn. In nur drei Worten fragt Jahwe Jona, ob er sein Zürnen zu rechtfertigen vermöge.

II. $^{5-11}$ Nachdem Jonas innere Haltung und Verfassung, der Schlüssel zum ganzen Geschehensablauf, in $^{1-4}$ durch den Erzähler offengelegt ist (diese »Hauptsache« nimmt er akzentuierend voraus), wird im Nachholverfahren der Schauplatz für die Schlußauseinandersetzung Jahwes mit Jona präsentiert: Jona sitzt östlich von Ninive unter einer Laubhütte, die er sich als Schattenspender gebaut hat, und stiert auf die Stadt. Doch sein Herzenswunsch geht nicht in Erfüllung. Mißmut, Mißgunst, Zorn stehen in ihm auf. Da greift Gott zu einer Belehrungshandlung, die sich im Dreischritt (im hebräischen Text dreimal »entbieten«) vollzieht: Er läßt auf wundersame Weise eine Rizinusstaude (in Palästina 3–4 m hoch, großblättrig) hochwachsen, die Jona so viel Schatten spendet, daß ihn eine große Freude überkommt. Nach einem Tag verdorrt sie schon, auf Gottes Befehl von einem »Wurm« an der Wurzel getroffen. Um die Hitze unerträglich zu machen, schickt Gott auch noch den »giftigen« Schirokko. Jona fällt fast in Ohnmacht. Der To-

Morgenröte heraufzog, schickte Gott einen Wurm, der den Rizinus-
strauch annagte, so daß er verdorrte. [8] Und als die Sonne aufging,
schickte Gott einen heißen Ostwind. Die Sonne stach Jona auf den
Kopf, so daß er fast ohnmächtig wurde. Da wünschte er sich den Tod
und sagte: Es ist besser für mich zu sterben als zu leben. [9] Gott aber
fragte Jona: Ist es recht von dir, wegen des Rizinusstrauches zornig
zu sein? Er antwortete: Ja, es ist recht, daß ich zornig bin und mir
den Tod wünsche. [10] Darauf sagte der Herr: Dir ist es leid um den
Rizinusstrauch, für den du nicht gearbeitet und den du nicht groß-
gezogen hast. Über Nacht war er da, über Nacht ist er eingegangen.
[11] Mir aber sollte es nicht leid sein um Ninive, die große Stadt, in der
mehr als hundertzwanzigtausend Menschen leben, die nicht einmal
rechts und links unterscheiden können – und außerdem so viel Vieh?

deswunsch, diesmal nicht mehr direkt an Gott gerichtet, wiederholt sich. Die Frage Jahwes kehrt wieder (vgl. ^{4}), ob Jonas Zorn rechtens sei – diesmal der Zorn über das Hinschwinden der schattenspendenden Wunderstaude. Jona behauptet die Richtigkeit seiner Haltung. Gerade darauf baut Gott sein Schlußwort $^{(10-11)}$. Sein Kern heißt: »Dir ist es leid um den Rizinusstrauch« (aus Mitleid mit ihm und Selbstmitleid) – »mir aber sollte es nicht leid sein um Ninive?« Die »große Stadt« hat über »12 × 10000« (eine Symbolzahl für eine riesige Menge, vgl. Ri 8^{10} Jud 2^{5} 7^{2}) Menschen, die unreif im Urteilen und Unterscheiden sind (es sind nicht nur die Kinder gemeint, vgl. 2 Sam 19^{36}). Sie und sogar das viele Vieh rufen Jahwes Mitleid hervor. In einer rhetorischen Schlußfrage wird Jona aufgefordert, dieses Mitgefühl Gott zuzugestehen. Eine Antwort wird nicht mehr gegeben. Zumindest für den Hörer und Leser liegt die eigene Antwort auf der Hand.

Das 4. Kapitel schlüsselt als Kulmination der Jonanovelle die Botschaft des ganzen Buches auf. Sie heißt: Gott ist anders. Man kann auch nach erfolgter Offenbarung sein souveränes Walten (und noch weniger sein »Sein«) nicht in feststehende und allgemeingültige Formeln fassen. Sie müssen alle relativiert werden auf die göttliche Selbstaussage von Ex 33^{19} hin: »Ich gewähre Gnade, wem ich will, und ich schenke Erbarmen, wem ich will.« Die Form des Spruches bezeugt die absolute Freiheit Gottes; sein Inhalt zeigt auf seinen mächtigen – nach Hos 11^{8f} und Jer 31^{20} ihn selbst oft übermächtigenden Gnadenwillen hin. Dieser wird in Ex 34^{6} in einem Jahwewort (das Jona 4^{2} zugrunde liegt) explizit und eindrücklich artikuliert. Der Prophet und Theologe Jona kennt diese Selbstoffenbarung Jahwes und ihre Tragweite so gut, daß er nicht ausschließt, sie könnte auch für Ninive, die gottlose Stadt voller Gewalttaten (vgl. 3^{8}), gelten, falls dort Umkehr geschieht. Aber hierin will er seinem Gott, zu dessen Boten er berufen ist, nicht folgen. Für ihn muß Ninive der richtenden Gerechtigkeit Gottes überantwortet werden, in die selbst das erwählte Volk Israel öfter hineingestellt wurde (vgl. Am 3^{2}). Jona läßt also Gott nicht Gott sein und will darüber nicht mit sich reden lassen. Aber der Gott, der über Ninive Milde walten läßt, behandelt auch ihn mild und schafft ihm in erzieherischer Zuwendung Raum für eine mögliche Umkehr (vgl. Jer 15^{19}).

Micha

EINLEITUNG

Der Prophet und seine Zeit. Von Micha (Vollform Michaja = »Wer ist wie Jahwe?«) aus Moreschet redet außer der Überschrift noch Jer 26^{18f} (vgl. Mi 3^{12}). Hiskija regierte wahrscheinlich von 728 bis 699. Die Überschrift spricht dazu noch von einem Wirken unter Ahas (734–728) und Jotam (739–734). Durch den Spruch über Samaria (1^{6}) wird indirekt bewiesen, daß Micha schon vor 725 (Beginn der Belagerung Samarias) prophetisch gewirkt hat. Oft wird hinter der Klage von 1^{8-16} eine Nachzeichnung des Feldzugs Sanheribs gegen Juda und Jerusalem (701) vermutet, so daß seine Wirkungszeit sich bis 700 erstreckte. Doch ist diese Klage (wie ähnliche prophetische Leichenklagen, vgl. z. B. Am 5^{1f}) als prophetische Ankündigung zu verstehen, die lange vor 701 gesprochen sein kann, zumal Sanherib schon bei seiner Eroberung des aufsässigen Aschdod im Jahre 711 Juda bedrohlich nahe gekommen war.

Die zeitlichen Rahmendaten für die prophetische Tätigkeit Michas sind also kurz folgende: Im sogenannten »Syrisch-efraimitischen Krieg« (733) versuchten die Könige von Damaskus und Samaria, König Ahas von Juda zu einer Koalition gegen Assur zu zwingen. Ahas wandte sich entgegen dem Rat des Propheten Jesaja an Assur und wurde dessen Vasall. Die Assyrer eroberten 732 Damaskus und machten Israel zu einem auf das Gebirge Efraim begrenzten Rumpfstaat. Als er gegen Assur aufbegehrte, begann der assyrische Großkönig 725/24 die Belagerung Samarias, das 722/21 fiel. Der König Hiskija von Juda (728–699) suchte ebenfalls in Anlehnung an Ägypten mehrfach das assyrische Joch abzuschütteln, vergebens! Eine Strafexpedition Assyriens besetzte 701 Juda (»46 ummauerte Städte«) und trennte es von Jerusalem ab. Die Belagerung Jerusalems mußte allerdings aufgegeben werden (nach 2 Kön 19^{35ff} wegen einer Pest im assyrischen Heer). Doch die Vasallenschaft Hiskijas blieb bestehen, und sein Nachfolger Manasse (699–643) betrieb sogar eine (bis in den Kult hinein) betonte assurfreundliche Politik.

Moreschet bei Gat (siehe 1^{14}) ist unzweifelhaft die Heimat unseres Propheten, der nicht mit dem nordisraelitischen Propheten Micha ben Jimla (vgl. 1 Kön 22^{8-28}) verwechselt werden darf. Der Ort liegt im südwest-judäischen Hügelland, das die Hauptkornkammer Juda-Jerusalems war. Durch diese Gegend verlief zugleich der Festungsgürtel (fünf befestigte Garnisonsstädte), den König Rehabeam (931–914) zum Schutze der Hauptstadt hatte errichten lassen. Micha scheint selbst Bauer gewesen zu sein. Da seine Sprache eine gewisse Bildung verrät und er auch offensichtlich öfter in Jerusalem und so mit den dortigen Verhältnissen vertraut war, ist nicht auszuschließen, daß er Sippen- oder Ortsältester war. Von einer Berufung zum »Boten Jahwes« wird nichts überliefert; sie muß aber irgendwann geschehen sein, wie seinem Wort den opportunistischen Heilspropheten gegenüber (3^{8}) zu entnehmen ist. Das Recht *(mišpaṭ)* steht wie bei Amos im Mittelpunkt seiner Predigt, so daß man ihn gelegentlich »den Amos des Südreiches« genannt hat. Micha wird den Propheten aus dem nicht allzu fernen Tekoa vielleicht noch erlebt haben. Micha ist ein Zeitgenosse des Jesaja, der ebenfalls für Recht und Gerechtigkeit eintrat ($1^{17.27}$ 5^{1-7}). Freilich spricht Micha nicht von der Bedrükkung der Armen, Waisen und Witwen durch die Jerusalemer Oberschicht, sondern von der Bedrängnis, in welche die Bauern (Freibauern) gerieten, als die führenden Kreise in Jerusalem, aber wohl auch in den Garnisonsstädten, den bäuerlichen Landbesitz auf jedwelche Weise an sich zu reißen unternahmen (vgl. $2^{2.9}$). Man beging offenbar sogar Menschenraub (2^{8}). Die Habgier ergriff selbst die Richter, Priester und Berufspropheten (3^{9-12}). Die ungerechten Richter vergleicht Micha dabei in derber Bauernsprache mit Schlächtern, ja mit Kannibalen (3^{1-3}). Die Zerrüttung im Bereich des Miteinander muß merkwürdigerweise gerade in dieser außenpolitischen Krisenzeit von 740–700 enorm gewesen sein. Da die »Menschenrechte« – sie sind nach der Bundesordnung »Gottesrecht« und gehören konstitutiv zum authentischen Jahwismus – im Bereich der »heiligen Stadt« Jerusalem mit Füßen getreten wurden, muß Micha das für viele »Undenkbare« ankündigen: Jerusalem und selbst der Tempel, »das Haus Jahwes« (1 Kön 6^{37} u. a.), sollen zur Ruinenstätte werden. Die Zeitgenossen, allen voran der König Hiskija, haben Jer 26^{19} gemäß die Androhung überaus ernst genommen und durch Umkehr die Begnadigung von seiten Jahwes erwirkt. Ob die Reformen des Hiskija, von denen 2 Kön 18^{4-6} berichten, damit zusammenhängen, bleibt ungewiß, da es sich dabei vorab um religiöse und anscheinend kaum soziale Maßnahmen handelte. Über die weiteren Geschicke Michas ist uns nichts überliefert. Unter seinem Namen sind uns noch so gewichtige Texte wie 5^{1ff} (Der Messias aus Betlehem) und 6^{1-8} (Zusammenfassung der göttlichen Willensoffenbarung in der Kielspur von Amos, Hosea und Jesaja) tradiert, doch bleibt deren Herleitung von unserem Propheten umstritten. Seine Hauptbedeutung liegt darin, daß er wie Amos, Hosea und Jesaja dem Gottesvolk im Namen seines Gottes mit Insistenz bezeugt: Jahweverehrung und Jahwedienst sind ohne mitmenschliche Gerechtigkeit und Verbundenheit hohl und nichtig. Auch die Heiligkeit des Tempels gewährt keine Schonung vor Gottes Gericht. Er läßt ihn in Trümmer legen, wenn in seinem Bereich Menschenwürde und

Menschenrecht »zertrümmert« werden. Diese Botschaft hat ein Jh. später Jeremia aufgenommen (vgl. Jer 7^{1-15} 26^{1-19}) und noch einmal allen Generationen des Gottesvolkes ins Gedächtnis eingeschrieben.

Das Buch. Das sieben Kapitel umfassende Buch hat offensichtlich eine recht komplizierte Redaktionsgeschichte. Man kann nach Form und Inhalt zunächst unschwer vier Teile erkennen: I. 1–3 (mit Ausnahme von 2^{12-13} Gerichtsworte an das eigene Volk). II. 4–5 (Heilsworte). III. 6^{1}–7^{7} (in der Hauptsache Gerichtsworte). IV. 7^{8-20} (Psalmodischer Abschluß). Die Anordnung entspricht einem verdoppelten Schema Gericht / Heil, das auch dem 2. Kapitel in seiner jetzigen Gestalt zugrunde liegt. Da unter den Heilstexten solche sind, die leicht erkennen lassen, daß sie nicht von Micha stammen, wie etwa 2^{12-13} 4^{1-4} 7^{8-20}, läßt sich von vornherein vermuten, daß sich die Gesamtstruktur des Buches und insbesondere die Anordnung Unheil / Heil einer tiefgreifenden Redaktionsarbeit verdanken. Sie läßt sich bei genauerer Analyse vorab in 4–5 erkennen, da hier die Texte in einer konzentrischen Struktur angeordnet sind: A (4^{1-5}) B (4^{6-7}) C (4^{8-14}) C^{1} (5^{1-5}) B^{1} (5^{6-8}) A^{1} (5^{9-14}). So drängt sich die Frage auf, welche Texte des Michabuches als authentisch gelten können. Diese Frage hat nur auf dem Feld der literarhistorischen und exegetischen Probleme ihr Gewicht, ist jedoch auf der Ebene der bibeltheologischen Auswertung und erst recht des Anrede-Charakters der Texte ohne großen Belang. Denn das ganze Buch Micha ist sowohl im Judentum wie im Christentum Heilige Schrift, d. h. weiterzutradierende Offenbarung des Heiligen Gottes (Offenbarung aber im Medium des menschlichen Wortes).

Der I. Teil (1–3) stammt in seiner Substanz von Micha, sei es, daß der Prophet selbst schriftliche Auftrittsskizzen angefertigt hat, sei es, daß seine Schüler dies unter seinem kontrollierenden Auge getan haben. Eine redaktionell eingreifende Hand verrät sich allerdings in 1^{2} (nachexilische Universalisierung) und in $1^{5bc.13b}$ 2^{5} (dtr Aktualisierung). 2^{12-13} (Heil) muß von einem Propheten der Exilszeit stammen und von der Endredaktion zur »Contrebalance« Kapitel 2 (Unheil) angefügt sein.

Der II. Teil (4–5) ist ein Büchlein eigener Prägung (s. o.). Die hier in einer konzentrischen Struktur angeordneten Stoffe sind augenscheinlich verschiedener Herkunft und ungleichen Datums. Der messianische Text 5^{1-5} ist in sich nochmals geschichtet (vgl. die Kommentierung) und dürfte auch im Kern kaum auf Micha zurückgehen. Ob dem jetzt gegen die Völker gerichteten Spruch 5^{9-14} ein ursprünglicher Spruch Michas gegen Israel zugrunde liegt, bleibt ungewiß. Die Redigierung der Stoffe fällt wohl in die erste Zeit nach der Rückkehr. Man hat das heilverkündende Büchlein dabei an 1–3 angefügt, um den Heimkehrergenerationen vor Augen zu führen, daß Mi 3^{12} sich zwar über ein Jh. nach Micha realisiert und damit als wahres Gotteswort erwiesen hat, daß dies aber nicht »das letzte Wort« Jahwes über Jerusalem und sein Verhältnis zur Völkerwelt gewesen war.

Der III. Teil ($6^{2(1?)}$–7^{7}) entstammt wahrscheinlich wegen seiner im ganzen sozial- und kultkritischen Einstellung einem anderen Tradentenkreis. Hier sind deutlich sachliche Verbindungslinien zu 1–3 gezogen. Wiewohl 6^{2-8} kaum von Micha stammen dürfte, entspricht insbesondere 6^{8} ganz seinem Geiste und seiner Verkündigung. Der ursprüngliche *Grundtext* von 6^{9-16} könnte sogar von ihm selber stammen. Man ist versucht zu sagen, daß hier eine spätere Michaschule am Werk ist, die sich mit der Jeremiaschule, wie sie sich in 7^{1-7} spiegelt, zusammengetan hat.
Der IV. Teil (7^{8-20}) mit seinen drei psalmodischen Einzelstücken $7^{8-10.14-17.18-20}$ und dem heilsprophetischen Einschub 7^{11-13} ist höchstens literarisch als »prophetische Liturgie« zu bestimmen. Eine wirkliche »Liturgie« ist mit der jetzigen Textanordnung kaum vereinbar. Doch ist insofern die Kennzeichnung »liturgisch« nicht fehl am Platze, als die Psalmstücke wohl als Antwort der Gemeinde bei der öffentlichen Verlesung des Michabuches zu deuten sind.

LITERATURHINWEISE

I. Vgl. die Gesamtkommentare in der Einleitung zum Zwölfprophetenbuch.
II. *Neuere deutsche Kommentare zu Micha:* G. Fohrer, Die Propheten des AT 1, Gütersloh 1974. H. Brandenburg, Die kleinen Propheten I (Das lebendige Wort 9), Gießen und Basel 1963. W. Rudolph, Micha (KAT XIII 3), Gütersloh 1975. R. Fr. v. Ungern-Sternberg, Der Rechtsstreit Gottes mit seiner Gemeinde: Der Prophet Micha (Die Botschaft des AT 23/4), Stuttgart ^{2}1971. A. Weiser, Das Buch der Zwölf Kleinen Propheten, 1. Teil (ATD 24/1), Göttingen ^{7}1979. H. W. Wolff, Dodekapropheton 4, Micha (BK.AT XIV 4), Neukirchen 1982 (Literatur!).
III. *Wichtige ältere und ausländische Kommentare:* D. Deden, De kleine Profeten (De boeken van het Oude Testament 12), Roermond 1953. A. Deissler (La Sainte Bible VIII/1), Paris 1964. J. L. Mays, Micah (The Old Testament Library), London 1976. F. Nötscher, Micha (Echter-Bibel 3), Würzburg 1958. J. M. P. Smith (ICC), Edinburgh 1965. R. Vuilleumier (Commentaire de l'Ancien Testament XIb), Neuchâtel 1971. A. S. van der Woude, Micha (De Prediking van het OT), Nijkerk 1976.
IV. *Wichtige Monographien und Beiträge:* W. Beyerlin, Die Kulttraditionen Israels in der Verkündigung des Propheten Micha (FRLANT 72), Göttingen 1959. Anwalt der Rechte Gottes – Der Prophet Micha, thematisches Heft von »Bibel und Kirche«, Bd. 25, 4, 1970. A. Deissler, Micha 6, 1–8. Der Rechtsstreit Jahwes mit Israel um das rechte Bundesverhältnis: TrThZ 68 (1959) 229–234. V. Fritz, Das Wort gegen Samaria Mi 1, 2–7: ZAW 86 (1974) 316–331. J. Jeremias, Die Deutung der Gerichtstexte Michas in der Exilszeit: ZAW 83 (1971) 330–354. Th. Lescow, Redaktionsgeschichtliche Analyse von Micha 1–5 und 6–7: ZAW 84 (1972) 46–85 und 182–212. Ders., Micha 6, 6–8: Studien zu Sprache, Form und Auslegung (Arbeiten zur Theologie, Reihe 1, 25), Stuttgart 1966. J. L. Mays, The Theological Purpose of the Book of Micah, in: Festschrift W. Zimmerli, Göttingen 1977, 276–287. B. Renaud, La Formation du Livre de Michée (Etudes Bibliques), Paris 1977. I. Willi-Plein, Vorformen der Schriftexegese innerhalb des AT (BZAW 123), Berlin 1971, 70–114.
V. *Literatur- und Forschungsberichte:* G. Fohrer, Neue Literatur zur atl Prophetie 6: Micha: ThR 45 (1980) 212–216. K. Jeppesen, New Aspects of Micah-Research: JSOT 6 (1978) 3–32.

ÜBERSCHRIFT: 1^{1}

1^{1} Das Wort des Herrn, das an Micha aus Moreschet erging in der Zeit, als Jotam, Ahas und Hiskija Könige von Juda waren; er hörte es in Visionen über Samaria und Jerusalem.

DIE DROHREDEN: 1^{2}–3^{12}

Gegen Samaria: 1^{2-7}

Ps 49^{2} — ^{2} Hört, alle ihr Völker,
horch auf, Erde, und alles, was sie erfüllt:
Gott, der Herr, tritt als Zeuge gegen euch auf,
der Herr tritt heraus aus seinem heiligen Palast.
Jes 26^{21} — ^{3} Seht, der Herr verläßt seinen erhabenen Ort,
Am 4^{13} — er steigt herab und schreitet dahin
über die Höhen der Erde.

1^{2} Nach dem Sprachgebrauch ist »gegen euch« (statt »unter euch«) richtig.

1^{1} Die einleitende Überschrift (vgl. ähnliche Angaben in Hos 1^{1} Joël 1^{1} Zef 1^{1}) stammt in ihrem ersten Teil von einem Redaktor (Dtr?) der Prophetenschrift. Er wird den Schluß, der älteres Gepräge (vgl. Am 1^{1} Jes 1^{1}) aufweist, als Überschrift eines früheren Tradenten bereits vorgefunden haben. Zu »Micha aus Moreschet« und den Königsangaben vgl. die Einleitung. Mit »Wort Jahwes« – auf das ganze Buch bezogen – wird »Micha« als kanonische, d. h. zur Verlesung in der Jahwegemeinde bestimmte Schrift bezeugt. Das in einer determinierten Geschichtsepoche ergangene Prophetenwort ist in seiner Gültigkeit nicht auf diese beschränkt, sondern enthält – darum wird es schriftlich fixiert – für alle künftigen Generationen Anspruch und Zuspruch Jahwes.

1^{2-7} ist eine erste literarische Einheit, die in der Gattung (Drohrede) deutlich verschieden ist von 1^{8-16} (Klage). Doch redaktionell sind beide durch die Klammer *ʿal zōʾt* = »darüber« zusammengeschlossen. Der Text stellt eine komplexe Gerichtsrede dar. Die Gerichtsandrohung ergeht zunächst an die Völkerwelt $^{(2)}$. Dann folgt eine als Prophetenrede formulierte Gerichtstheophanie $^{(3-4)}$, die in ^{5a} unter der Adresse »Jakob-Israel« mit einer Anklage (Schelte) begründet wird. In ^{6} geht der Text in eine Gottesrede über, die aus einer Strafansage $^{(6-7ab)}$ und einer Anklage $^{(7c)}$ zusammengesetzt ist. Es ergeben sich folgende Spannungen im Text: 1^{2} stellt nicht wie Jes 1^{2} Am 3^{9} einen Zeugenanruf an die Völkerwelt, sondern ihre Anklage und Bedrohung dar (Jahwe als anklagender Zeuge). In der Folge ist aber nur vom Gericht an Jakob-Israel die Rede. 2. Jakob-Israel ist nach $3^{1.8.9}$ in ^{5a} synonym (= Nordreich) gebraucht, in ^{5b} aber wird das Wortpaar auf Nordreich und Südreich umgedeutet. 3. Der Wechsel von der Prophetenrede $^{(2-4)}$ in die Gottesrede ^{6f}. Letzteres läßt sich dadurch erklären, daß Theophanie-Schilderungen gewöhnlich von Jahwe in der dritten Person handeln und zudem $^{3.4}$ vorge-

4 Die Berge zerschmelzen unter ihm Ps 97[5]
wie Wachs in der Hitze des Feuers;
die Talgründe werden aufgerissen,
wie wenn Wasser den Abhang herabstürzt.
5 Das alles geschieht wegen Jakobs Vergehen
und wegen der Sünde des Hauses Israel.
Was ist Jakobs Vergehen?
Ist es nicht Samaria?
Und was ist die Sünde Judas?
Ist es nicht Jerusalem?

1[5c] M: »die Höhen Judas«. G S T: »die Sünde Judas«.

prägtes Traditionsgut sein werden. Punkt 1 und 2 aber sprechen dafür, daß die ursprüngliche, von Micha selbst stammende Gerichtsrede in [5c] eine nachexilische Aktualisierung und in [2] eine spätnachexilische Universalisierung des Gerichts erfahren hat. Gegen die Autorschaft Michas für den »Grundtext« gibt es keine durchschlagenden Gründe. Dieser muß daher vor 722/21 verfaßt sein. Ein »vaticinium ex eventu« liegt nicht vor, da Samaria von den Assyrern zwar erobert und entvölkert, aber sofort wieder neu aufgebaut wurde (als Kolonisten-Stadt).

Jahwe tritt von seinem himmlischen Palast aus (vgl. Hab 2[20] Jes 63[15]) zunächst als anklagender Zeuge (vgl. Dtn 31[26]) gegen die Völker (vgl. 4[1.3.5.13] 5[6.7]) und die »ganze Erde« (vgl. 4[13]) auf. Die Szenerie ähnelt stark Jes 34[1ff], wo nach der Ansage des endzeitlichen Völkergerichts dann das Schwert Jahwes [(5)] auf Edom niedersaust. Den Grund für das universale Gericht können die Erdbewohner an der folgenden Begründung des Gerichts an Israel ablesen. Die Gerichtstheophanie [(3f)], die sonstwo (vgl. Ri 5[4ff] Jes 26[20f] Jer 25[30]) den Feindvölkern gilt, wird von Micha selbst auf Jakob-Israel »umgelenkt«. Jahwes Erscheinen wirkt wie Feuer. Selbst das Festeste und Beständigste auf Erden, die Berge (vgl. Jes 54[10] Ps 90[2] 125[1]), zerfließen vor ihm wie Wachs (vgl. Ps 18[8] 97[5]), und auch die Talebenen werden unbewohnbar. Der Grund dieses Kommens Jahwes zum Gericht liegt im *»pæšaᶜ«* (= »revoltierender Frevel«) des Nordreiches. Damit wird der Prophet, der gewiß die Predigt des Amos gegen Nordisrael kennt, nicht nur die Götzendienerei im Auge haben [(7)], sondern auch die Rechtsfrevel im mitmenschlichen Bereich (vgl. Am 2[6ff] 1 Kön 12[19]). Ein Ergänzer hat in [5c] die beiden Hauptstädte selbst als personifizierten »Frevel« Israels hingestellt (vgl. Jer 3[6ff] Ez 23[1ff]). Micha läßt den Blitz des Gerichtes Samaria treffen [(6)], das von den Königen Omri und Ahab in der Zeit von 880–850 als überaus stark befestigte Residenz errichtet bzw. ausgebaut worden war. Es handelt sich um eine Eroberung durch feindliche Truppen, d. h. durch die Assyrer. Die in ihren Zerstörungsberichten verwendete Wendung: *»ana tilli u karmi utīr«* (»in Schutthügel und trockenes Land verwandelte ich ...«) liegt [6] zugrunde. Der Vernichtung fallen dann auch die Götzenbilder und Weihegeschenke an den Kultstätten anheim. Der hebräische Ausdruck für Weihegeschenk (= »Buhlge-

3^{12} 6 Darum mache ich Samaria zu einem Trümmerfeld,
zu einem Acker, auf dem man Reben pflanzt.
Ich stürze seine Steine zu Tal
und lege seine Grundmauern bloß.
7 Alle seine geschnitzten Bilder werden zerschlagen,
alle seine Weihegaben im Feuer verbrannt,
alle seine Götzen zerstöre ich.
Denn mit Dirnenlohn wurden sie zusammengekauft,
und zu Dirnenlohn werden sie wieder.

Die Klage des Propheten: 1^{8-16}

2 Sam 15^{30}; Jes 20^{2} 8 Klagen muß ich und jammern,
barfuß und nackt gehe ich umher;
ich erhebe ein Geheul wie die Schakale,
ein Klagegeschrei wie die Strauße.

1^{7b} M: »sie hat zusammengekauft«. S Vg T: »sie wurden zusammengekauft«.

schenk«) und ^{7b} lassen erkennen, daß die Kultprostitution den Hauptbeitrag zur kostbaren Ausstattung der Heiligtümer leistete (vgl. Hos 9^{1}). Im Talionsspruch wird angekündigt, daß diese Kostbarkeiten Beute der hurerischen Soldateska werden.

1^{2-7} enthält in seiner jetzigen Endgestalt eine inspirierte Botschaft auch für spätere Generationen. Die Überarbeitung in exilisch-nachexilischer Zeit bezeugt dies mit biblischer Autorität. Der sich hier »präsentierende« Gott ist nicht nur der Bundesgott Israels, sondern der universale Herr der ganzen Völkerwelt, die er, wie schon Amos dartut (1–2), vor sein Angesicht stellen wird (vgl. Röm 1^{18-32}). Als weltübersteigender Schöpfer des Kosmos ist Jahwe von solcher Heiligkeitsmacht, daß auch das Festeste und Dauerndste dieser Welt, die Gebirge, unter der »Lichtwucht« (sonstwo *»kābōd«* genannt) seines Erscheinens zerfließen wie Wachs vor dem Feuer – ein bleibend eindrucksames Bild für Gottes unwelthaftes Anderssein. Doch sein »Kommen zum Gericht« hat nicht den Kosmos zum Ziel, sondern die Menschheit, vorab deren Repräsentanten Israel. Hier stimmt Micha mit Am 3^{2f} überein. Die Aufkündigung der Bundespartnerschaft mit Jahwe läßt das Volk aus der Heilssphäre durchbrechen ins Unheil. Der Untergang Samarias und damit des Nordreiches mag innerweltlich noch so hinreichend erklärbar sein – die Propheten bezeugen als »berufene Rufer« Gottes, daß die Geschichte nicht ohne Jahwe als deren verborgenen Lenker und Partner voll verständlich und transparent wird.

1^{8-16} weist die größte Text-Verderbnis im AT auf. Auch die alten Versionen helfen kaum weiter. Viele und sehr verschiedenartige Korrekturen werden in der Forschung vorgenommen. Unsere Übersetzung beläßt zumeist M. Die Konjektur »in Akko« $^{(10)}$ ist auch nicht nötig (M: »weinet, ja weinet nicht!«). Als Prinzip der Abfassung läßt sich noch erkennen: Die Aussagen sollen wortspielartig an die Ortsnamen anklin-

9 Denn unheilbar ist die Wunde meines Volkes;
sie reicht bis nach Juda,
bis zum Tor meines Volkes,
bis hin nach Jerusalem.
10 Meldet es nicht in Gat!
Weint nicht in Akko!
Wälzt euch im Staub in Bet-Leafra!
11 Zieht fort, ihr Bewohner von Schafir!
Die Einwohner Zaanans sind schändlich entblößt
und können ihre Stadt nicht verlassen.
Es klagt Bet-Ezel.
Er nimmt euch jede Stütze weg.

1 10 Lies vielleicht *b^ec^akko* für *bākō. – hitpallāšū;* M: »ich wälze mich«.

gen (vgl. »Wälzt euch im Staub in ›Staubhausen‹« *[= bēt-l^e-^cafrāh]* in 10).

Die Abgrenzung des Textes ist gesichert, auch wenn er jetzt durch einleitendes *^cal zō't* (»darüber«, nach rückwärts verweisend, in der Übersetzung ausgelassen) locker mit 1 2–7 verklammert ist. Eine Spannung im Text bildet nur 13b. Er ist offensichtlich eine spätere Einfügung unter dem Eindruck, daß die Propheten »Rosse und Wagen« als »gottlos« (für Israel) denunzieren (vgl. Jes 2 7 30 16 31 1ff Hos 10 13–15). Dagegen muß 16 keine spätere Addition sein, da 16 mit 8 und dem Gesamtcharakter des Textes (Klagelied über den Verlust des südwestlichen Vorlandes von Jerusalem) harmoniert. Der »Schlag« gilt ja nach 9 letztlich Jerusalem selbst.

Der Gattung nach ist der Text ein Aufruf des Propheten zur Untergangsklage. Sie hat keinen kultischen Bezug, sondern ist, wie etwa das »Leichenlied« von Am 5 2, eine Einkleideweise der prophetischen Verkündigung in der Funktion einer Androhung (vgl. Jes 32 11ff Jer 9 16ff). Für letzteres spricht auch die redaktionelle Verknüpfung von 8-16 mit 2–7 zu einer literarischen Großeinheit. Es werden also gewiß nicht die Ereignisse um 701 nachgezeichnet. Gat gehörte seit 712 nicht mehr zu Juda, sondern zur assyrischen Vasallenstadt Aschdod. Das Klagelied wird zwar nicht mit 2–7 zusammen von Micha formuliert worden sein, aber es sieht visionär den nach dem Fall von Samaria einsetzenden assyrischen Schlag gegen Juda voraus (9) (vgl. Jes 8 7f). Der Prophet stellt sich – es handelt sich ja um das schlimme Kriegslos für seine nähere und weitere Heimat – als öffentlich Klagender und Trauernder vor (zum Barfußgehen vgl. 2 Sam 15 30, zum Ablegen der Kleider mit Ausnahme des Schamtuches vgl. Jes 20 2). »Meldet es nicht in Gat« stimmt mit 2 Sam 1 20 (Trauerlied Davids über Saul und Jonatan) überein, nur ist Gat hier judäisch. Da es dicht an der Grenze zu Philistäa liegt, sollen – das scheint der Sinn zu sein – die Philister nicht Gelegenheit haben, schadenfreudig auf das laut trauernde Gat zu blikken. Wenn »Akko« ursprünglich sein sollte, müßte es ebenfalls eine Ortschaft an der Grenze gewesen sein. Die dann genannten Orte Bet-Leafra, Schafir, Zaanan, Bet-Ezel, Marot sind sonstwo im AT nicht genannt; sie müssen sicher weiter landeinwärts

12 Ja, die Einwohner von Marot bangen um ihr Wohl;
denn vom Herrn kam Unheil herab
auf Jerusalems Tore.
13 Spannt die Pferde vor die Wagen,
ihr Einwohner von Lachisch!
Ja, das war der Anfang der Sünde der Tochter Zion;
denn in dir trat die Gottlosigkeit Israels zutage.
14 Darum mußt du dich trennen von Moreschet-Gat.
Die Häuser von Achsib werden für Israels Könige
eine große Enttäuschung.
15 Wieder soll der Eroberer über euch herfallen,
ihr Einwohner von Marescha;
bis nach Adullam bringt man die Herrlichkeit Israels.
Jer 7^{29} 16 Scher dich kahl, Tochter Zion,
trauere über deine geliebten Kinder!
Scher dir eine Glatze,
so kahl wie die eines Geiers;
denn man hat deine Kinder verschleppt.

Gegen die Habsucht der Reichen: 2^{1-11}

Ps 36^{5} 2 1 Weh denen, die auf ihrem Lager Unheil planen
und Böses ersinnen.

1^{15} *jābō'* (»wird herfallen«); M: »mein Vater«.
1^{16} Füge ein als Adressaten: *bat ṣijjōn.*

gesucht werden. Lachisch (40 km südwestlich von Jerusalem) ist eine der größten judäischen Festungen (vgl. 2 Chr 11^{9}), die 701 von den Assyrern eingenommen wurde. Moreschet (nordöstlich von Lachisch, hier wohl volksetymologisch als »Braut« gedeutet) ist die Heimat des Micha (1^{1} Jer 26^{18}). Achsib (= »Trugstadt«) ist noch nicht sicher identifiziert (*k^e-sib* in Gen 38^{5}?). Marescha (hier mit *jrš* = »erobern« in Verbindung gebracht) liegt 5 km südlich von Moreschet und ist wie Adullam nach 2 Chr 11^{7} eine Festung. Nach 1 Sam 22^{1} bedeutet die Fluchthöhle von Adullam einen Tiefpunkt im Leben Davids. Damit soll dem regierenden Davididen das gleiche Los angesagt werden. Dies alles muß Jerusalem selbst zur größten Trauer (Kahlscheren des Kopfes ist ein entsprechender Ritus, vgl. Am 8^{10} u. a.) veranlassen.

Das Klagelied Michas hat zwar nicht den tief anrührenden Klang wie ähnliche Texte des Jeremia (vgl. 8^{18ff}), aber seine Anteilnahme stellt ihn doch in die Reihe jener Gottesmänner, deren Größter sagen sollte: »Mich erbarmt des Volkes« (Mk 8^{2}). Dennoch bezeugt er als warnender Prophet auch dies: »Von Jahwe kam Unheil herab auf Jerusalems Tore.« Auf das »Warum« geht er hier nicht ein. Diese Frage beantwortet er in den Kapiteln 2 und 3.

Kapitel 2, als Einheit gut nach vorn und hinten abgrenzbar, besteht aus zwei der Form nach unterscheidba-

Wenn es Tag wird, führen sie es aus;
denn sie haben die Macht dazu.
2 Sie wollen Felder haben und reißen sie an sich, Jes 5[8]
sie wollen Häuser haben
und bringen sie in ihren Besitz.
Sie wenden Gewalt an gegen den Mann und sein Haus,
gegen den Besitzer und sein Eigentum.
3 Darum – so spricht der Herr:
Seht, ich plane Unheil gegen diese Sippe.
Dann könnt ihr den Hals
nicht mehr aus der Schlinge ziehen,
und ihr werdet den Kopf nicht mehr so hoch tragen;
denn es wird eine böse Zeit sein. Am 5[13]; Am 2[12]
4 An jenem Tag singt man ein Spottlied auf euch,
und es ertönt die Klage:
Vernichtet sind wir, vernichtet!
Den Besitz seines Volkes veräußert der Herr,
und niemand gibt ihn zurück;
an Treulose verteilt er unsere Felder.

2[4a] *(n[e]hī) le'mor;* M: »es geschieht, er spricht.«
2[4b] *(ḥelæq) [c]ammo (jāmīr).*
2[4c] *w[e]'ēn mešīb lō,* vgl. G; M: »wie vertauscht er mir?«

ren Abschnitten: I. [1–5] Gerichtsrede (mit prophetischem Weheruf, vgl. Jes 5[8–23] u. a., eingeleitet) gegen die habgierigen Grundbesitzer. II. [6–11] Einspruch der Hörer. Wahrscheinlich gehören sie von Anfang an zusammen, da hinter den Einreden am ehesten die Adressaten von [1–5] stehen (vgl. [2] mit [8f]). Dann haben wir es in 2 mit einer Art »Auftrittsskizze« Michas zu tun. Sein Text hat einige Retuschen durch die Endredaktion erfahren. In [3] sind »gegen diese Sippe« (aktualisierend) und »es wird eine böse Zeit sein« (= Am 5[13]) spätere Hinzufügungen. In [4] scheinen die Einleitung und der Schluß (ab »niemand ...«) einen exilischen Hintergrund zu verraten. [5] ist der »späten Sprache« (Dtn und P) wegen kaum ursprünglich. Die M-Lesart in [10b] ist eine intentionelle Änderung aus der Exilszeit; vielleicht ist sogar der ganze Vers eine exilische Hinzufügung.

2[1–5] Adressaten des Schelt- und Drohworts sind die habgierigen Grund- und Hausbesitzer in der Heimatregion des Propheten und in Jerusalem. Ihre Gier läßt sie bereits Arges planen auf ihren Lagern (Ps 36[5]). Sie haben die Möglichkeiten in der Hand, ihre den Bund brechenden Pläne (vgl. 10. Gebot) auch durchzusetzen. Dies geschieht zumeist auf dem Weg des Pfandrechts, wobei sie den in Not Gekommenen Stück für Stück ihres Eigentums entreißen. Dabei scheuen sie sich auch nicht vor Rechtsbeugung (*[c]āšaq,* vgl. 1 Sam 12[3] Hos 5[11] Am 4[1] Jer 7[6] u. a.), vgl. den Prozeß Ahabs und Isebels gegen Nabot (1 Kön 21). Solches Handeln ruft die Vergeltung (talio) Jahwes auf den Plan [(3)]. Das Böse, das die Bundesbrecher tun, fällt auf

5 Darum wird in der Gemeinde des Herrn
keiner mehr sein,
der euch einen Acker zuteilt mit der Meßschnur.
Jes 30^{10} 6 Sie geifern: Prophezeit nicht! und sagen:
Man soll nicht prophezeien:
Diese Schmach wird nicht enden.
7 Ist etwa das Haus Jakob verflucht?
Hat der Herr die Geduld verloren?
Sind das seine Taten?
Sind seine Worte nicht voll Güte
gegenüber dem, der geradeaus geht?
8 Gestern noch war es mein Volk,
jetzt steht es da als mein Feind.
Dtn 24^{12f} Friedlichen Menschen reißt ihr den Mantel herunter,
arglose Wanderer nehmt ihr gefangen,
als wäre Krieg.

2^{5} *lākæm;* M: »dir«.
2^{7} *ha'ārūr;* M: »gesagt« (Euphemismus?); *d^{e}bārāw*, vgl. G.
2^{8a} *l^{e}'ōjebī* (Haplographie von Jod) *jiqqōmem* (Hitp.).
2^{8b} Teile ab: *šālem ha'addæræt tafšiṭūn.*
2^{8c} Lies *š^{e}būjē;* M: »abgeneigt (dem Kampf)«.

sie selbst zurück. Ihre Opfer werden die Klage der Herren über den Verlust ihrer Ländereien hören und so Gelegenheit zum Spott erhalten. Im Hintergrund steht eine Kriegskatastrophe, die das Land seinen jetzigen Besitzern entreißt. Eine exilische Aktualisierung des Spruches in ^{4c} nennt als Erben die »Treulosen«, d. h. in diesem Zusammenhang wohl die Feinde (vgl. Jer 49^{4}: Ammon). ^{5} erinnert an die sakrale Verteilung des Landes (vgl. Jos 14 und 18–20) und will eine Berücksichtigung der Enteigneten in einer nachexilischen Neuverteilung ausschließen.

2$^{6-11}$ zeichnet Micha ein Streitgespräch (vgl. Am 7^{10ff} Jer 28) mit den angeklagten Großgrundbesitzern nach, auf deren Seite offensichtlich auch »Heilspropheten« stehen. Die Zuteilung der Einzelworte ist im Detail schwierig, zumal der Text in keinem guten Zustand ist. ^{6} meint ziemlich sicher, daß die Gegner Michas ihm den Mund zu verbieten suchen und vorab sich seine Unheilsweissagung verbitten. Sie weisen auf Jahwes geschichtlich erfahrene Zuwendung zum »Haus Jakob« hin und seinen Bundeswillen zu den Seinen, unter die sie sich auch rechnen. Texte wie Gen 12^{1f} 32 Num 23f Ex 34^{6} u. a. mögen ihnen die Zuversicht geben, für welche auch die »Heilspropheten« plädieren. $^{8-10}$ ist ein Gotteswort gegen solch ein Reden »seines Volkes«, das für Jahwe durch sein Verhalten zu »seinem Feind« geworden ist $^{(8a)}$, weil in ihm die schuldlos Schwachen nicht mehr wirklich Mensch sein können, da sie zu Objekten von Gewalt und Ausbeutung (betr. »Mantel als Pfand« vgl. Ex 22^{25} Dtn 24^{10ff}) erniedrigt werden. Zum Schluß zeichnet Gott den »Propheten« – in ^{6} und hier ist *»nāṭaf«* für »prophezeien« verwendet –, dessen Botschaft die habgierigen Bundesbrecher mit Freu-

9 Die Frauen meines Volkes vertreibt ihr
aus ihrem behaglichen Heim,
ihren Kindern nehmt ihr für immer
mein herrliches Land.
10 (Ihr sagt:) Auf, fort mit euch!
Hier ist für euch kein Ort der Ruhe mehr.
Wegen einer Kleinigkeit pflegt ihr zu pfänden;
diese Pfändung ist grausam.
11 Würde einer sich nach dem Wind drehen
und dir vorlügen: Jer 5^{31}
Ich prophezeie dir Wein und Bier!,
das wäre ein Prophet für dieses Volk.

2^{9} *ta^ca^nūgēhæn – ^c^ōl^e^lēhæn;* M: Singularsuffixe.
2^{10} Lies *m^e^'ūmāh taḥb^e^lū;* M: »Um der Unreinheit willen bringst du Verderben« (dtr?).

den annehmen: den »windigen«, rauschseligen Ekstatiker und »Lügen«-Propheten, der ihnen die Genüsse berauschender Gelage verheißt, welche sie so lieben und zu deren Bezahlung sie die Armen »unterdrücken« (vgl. Am 4^{1ff} Jes $5^{11.22}$ 28^{7}).
Micha spricht in unserem Text zunächst das besitzgierige »Bauernlegen« der Aristokratie in Jerusalem (Latifundienbesitzer) und in den Zentren der fruchtbaren Landgebiete an, aber damit zugleich jedwede rücksichtslose Habgier der Herrschenden (vgl. Jes 5^{8} Hab 2^{9}). Er verurteilt nicht nur die entsprechenden Taten, sondern schon das Denken und Überlegen, dem sie entstammen (vgl. 10. Gebot). Den »auf ihren Lagern Unheil Planenden« antwortet Jahwe mit einem »Unheilsplan« [(3)] wider sie. Er sorgt in seinem Gerichtswalten dafür, daß »unrecht Gut nicht gedeiht« (vgl. Jer 17^{11}). In der Micha-Epoche realisierte sich dies für die Landgebiete im Jahre 701, als der assyrische Großkönig Sanherib Juda (außer Jerusalem) eroberte und den philistäischen Königen von Aschdod, Ekron und Gaza zur Verfügung stellte. Micha erweist sich in 2^{1-5} bereits als Geistesverwandter des Amos. Beide Propheten werden in ihrer Verurteilung eines maßlosen, ausbeutenden Erwerbstriebes von der Weisheitslehre unterstützt: vgl. Spr 1^{19} 15^{27} Koh 5^{9f} Sir 14^{9} 31^{1} Ps 119^{36}.
Das NT nimmt dieses Thema vielfältig auf: vgl. Mt 6^{24} 16^{26} Lk 12^{15} 16^{13}. Habgier ist nach Kol 3^{5f} Eph $5^{3.5}$ Götzendienst.
Die Gerichtsansage Michas ruft den Widerstand der Betroffenen hervor. Sie rekurrieren mit der Unterstützung der Heilspropheten auf Jahwes Selbstbindung an Isarel und wollen nicht anerkennen, daß die Erwählung einen besonderen Anspruch bedingt (vgl. Am 3^{2} Lk 12^{48}). Micha geht nicht ab davon, daß das Gottesvolk zum Feindvolk vor Jahwe wird, wenn Ungerechtigkeit und Unbarmherzigkeit (vgl. 2^{8-10}) in ihm eine Heimstatt finden. Darum gehört nach Hos 2^{21} das Erbarmen zu den konstitutiven Lebensmächten des Gottesbundes (vgl. auch Mi 6^{8}) und bedeutet auch im Reich Jesu Christi die Erbarmungslosigkeit Verwerfung (vgl. Mt 18^{21-35} 25^{41-45} Jak 2^{13}).

Die Rettung Israels: 2^{12-13}

Jer 3^{18}; Ez 37^{15-28} — 12 Ich werde ganz Jakob versammeln,
den Rest von Israel will ich vereinen.
Ez 34^{11-16} — Ich führe sie zusammen wie die Schafe im Pferch,
wie die Herde mitten auf der Weide –
eine wogende Menschenmenge.
Joh 14^{4} — 13 Ein Vorkämpfer bricht ihnen die Bahn,
sie brechen durch das Tor in die Stadt ein;
dann ziehen sie weiter.
Ihr König geht vor ihnen her,
der Herr schreitet an ihrer Spitze.

Gegen die Rechtsbrecher: 3^{1-4}

3^{1} Ich habe gesagt:
V. 9 — Hört doch, ihr Häupter Jakobs
und ihr Richter aus dem Haus Israel!
Ist es nicht eure Pflicht, das Recht zu kennen?

2^{12} *kullo;* M: »dich ganz« (vielleicht richtig). – *b^{e}ṣīrāh;* M: »Bosra« – Teile ab: *kaddobær w^{e} $tæh^{æ}$mænāh.*

2^{13a} Wörtlich: »Ein Durchbrecher zieht ihnen voran, sie brechen durch, durchschreiten das Tor und ziehen hinaus.«

^{12f} Diese kleine, in sich geschlossene Texteinheit stellt eine Verheißung dar. Sie ist in ^{12} als Gottesspruch, in ^{13} als Prophetenspruch (Jahwe in 3.p.) formuliert. Sie stammt vom Vokabular und Gedankengut her nicht von Micha und muß in der Exilszeit konzipiert und bei der Endredaktion des Buches aus Gründen der Gesamtstruktur (Unheil – Heil, dreimal in Abfolge) an das Ende von 2 gestellt worden sein. Dabei mag ^{13} erst aus der Hand des Endredaktors stammen.

^{12} ist im Anschluß an Jer 23^{8} 31^{10} Ez 34^{13} Jes 40^{11} 43^{5} formuliert (»Rest Israels« auch in Jer 23^{3}). Die Verheißung bezieht sich auf die Sammlung der in Babylon Exilierten bei einer Stadt (Babel?), von wo aus der Heimzug angetreten werden kann. In einem Zusatz (metrisch überschüssig) wird von einer riesigen Menschenmenge gesprochen.

^{13} knüpft an das Bild von Herde und Pferch an. Ein »Leithammel« setzt sich an die Spitze der Herde und schafft mit ihr den Durchbruch durch das verrammelte Tor: Es ist Jahwe selbst, der als ihr König sie befreit und als ihr »Her-zog« sie in die Heimat zurückbringt. Hintergrund dieser Zusage ist der »zweite Exodus« des Deutero-Jes (48^{20} 49^{9} $52^{11.12}$ u. a.) unter dem Königswalten Jahwes (41^{21} 43^{15} 52^{7}). Dieses Heilshandeln Jahwes ist in der Perspektive des Verfassers zugleich exemplarisch gemeint und erhält dadurch Verheißungscharakter und so ein eschatologisches Kolorit (vgl. Jes 24^{23}).

3^{1-4} stellt eine klar abgegrenzte Einheit dar. Im jetzigen literarischen Zusammenhang sind allerdings die

2a Sie aber hassen das Gute und lieben das Böse. Jes 5[20]
3 Sie fressen mein Volk auf,
sie ziehen den Leuten die Haut ab
und zerbrechen ihnen die Knochen;
sie zerlegen sie wie Fleisch für den Kochtopf,
wie Braten für die Pfanne.
2b Darum zieht man auch ihnen die Haut ab
und reißt ihnen das Fleisch von den Knochen.
4 Dann werden sie zum Herrn schreien; Jer 11[11]
er aber wird ihnen nicht antworten.
Er wird sein Angesicht vor ihnen verbergen; Dtn 31[17f]
denn ihre Taten sind böse.

3[2b] *jigzᵉlū* (hinter [3] zu setzen).
3[3] *kišᵉʾer.*
3[4b] *baᶜet ha-hīʾ* als Glosse ausgelassen.

drei formal und inhaltlich einander ähnelnden Stücke [1–4. 5–8. 9–12] gewissermaßen zu einer Großeinheit zusammengefaßt.

[1–4] wird eröffnet durch die wohl redaktionelle Einleitung »Ich habe gesagt«. Dann folgt ein Aufmerksamkeitsruf, der mit einer Anfrage endet. Sie leitet über zur Anklage. Die Strafsentenz fügt sich in [2b] und [4] an. Falls die Textfolge in M ursprünglich sein sollte, liegt aber ebenfalls die typisch prophetische Struktur »Anklage – Strafsentenz« vor. Es handelt sich nicht um eine Gottesrede, sondern um eine Prophetenrede. Der Übergang von der 2. zur 3. Person Plural ist in prophetischen Texten nicht ungewöhnlich.

Die Adressaten sind – der König Hiskija wird nicht erwähnt, d. h. wohl ausgeschlossen – »die Häupter« und »Richter« des Volkes. Beide Titel sind schwer zu unterscheiden (vgl. Ri 11[11]). Jedenfalls sind die höchsten Beamten *und* die Sippenältesten angesprochen. Beide Gruppen sind für die Rechtsordnung im Gottesvolk verantwortlich. Das Recht meint in erster Linie die Rechtssatzungen im Gerichtswesen, schließt aber alle Gerechtigkeitspflichten im wirtschaftlichen und sozialen Bereich mit ein. Diese Gerechtigkeit ist für die Propheten das Richtscheit zwischen gut und bös, »sittlich« und »unsittlich« (vgl. Am 5[15] Jes 5[20.23]). Was Amos »die Kleinen in den Staub treten« (2[7]) und Jesaja »das Gesicht der Armen zermalmen« (3[15]) nennt, kleidet Micha in geradezu »kannibalistische« Bilder, die aus einer großen Erregung des bäuerlichen Propheten zu erklären sind. So eindrücklich wird die Degradierung von Mitmenschen zu bloßen Objekten und Mitteln der Macht- und Besitzgier sonst nirgendwo im AT beschrieben. Solches Tun läßt Jahwe auf die Täter zurückfallen. Deren Hilfeschrei nützt nichts; denn solche Taten lassen Jahwe sein Angesicht abkehren (vgl. Jer 11[11] 18[17] Jes 59[2] Dtn 31[17f]).

Diese Worte hat Micha nach dem Fall Samariens (»Jakob« und »Israel« werden von da ab auf Juda-Jerusalem angewendet!) wahrscheinlich in Jerusalem selbst gesprochen. Sie bleiben aber für immer aktuell. Jesus hat sie im Gleichnis vom reichen Mann und armen Lazarus (Lk 16[19–31]) gleichsam ratifiziert.

Gegen die habgierigen Propheten: 3^{5-8}

5 So spricht der Herr gegen die Propheten:
Sie verführen mein Volk.
Haben sie etwas zu beißen,
dann rufen sie: Friede!
Wer ihnen aber nichts in den Mund steckt,
dem sagen sie den Heiligen Krieg an.
6 Darum kommt die Nacht über euch,
in der ihr keine Visionen mehr habt,
und die Finsternis,
in der ihr nicht mehr wahrsagen könnt.
Die Sonne geht unter für diese Propheten,
und der Tag wird schwarz über ihnen.
7 Die Seher werden zuschanden,
die Wahrsager müssen sich schämen.
Sie müssen alle ihren Bart verhüllen;
denn Gottes Antwort bleibt aus.

5–8 Der Text stellt formal und inhaltlich eine Einheit dar, wiewohl sich Gottes- und Prophetenrede ineinandermischen und von den »Betroffenen«, den habgierigen Berufspropheten, bald in 2., bald in 3. Person die Rede ist. Das Selbstbekenntnis Michas (8) hat abschließende Kontrastfunktion.
Zu den für den beklagten Zustand Jerusalems und Judas Verantwortlichen rechnet Micha auch »die Propheten«. Er spricht ihnen die Echtheit der Berufung und des Wortempfangs (in Vision und Orakel) nicht schlechthin ab. Was er an den meisten von ihnen aber als für Gott unerträglich feststellen muß (vgl. auch 2^{11}), ist der Verrat am göttlichen Wort: Sie führen nicht, sondern »verführen« (vgl. Hos 4^{12} Jes 3^{12} 9^{15} Jer $23^{13.32}$), indem sie ihre Auskünfte abhängig machen von der Sondergabe (= Bestechung), die man ihnen »in den Mund gibt« bzw. »auf ihren Befehl hin gibt«. Solchen Verrat ahndet Jahwe mit der Entziehung der prophetischen Befähigung. So müssen sie beruflich scheitern und werden der Lächerlichkeit und Schande (zur »Bartverhüllung« vgl. Ez 24^{17} Lev 13^{45}) und schließlich dem Untergang preisgegeben.
In seinem Kontrastbild will Micha erläutern, was ein wahrer und getreuer Prophet ist: Er hat 1. die moralische Kraft (vgl. 1 Chr $29^{12.14}$), daß er seiner Berufung getreu, nicht nach dem Munde der Adressaten oder gar gemäß der Entlohnung durch sie kündet; er verteidigt 2. die gottgewollte Rechtsordnung (vgl. Jer 22^{15} 23^{5} 33^{15}); er hält 3. mit Starkmut (vgl. Jes 11^{2} Spr 8^{14}) alle Anfeindung durch die Mächtigen aus. Diesem Idealbild hat eine spätere Hand noch – in Anlehnung an Jes 11? – den Zug eingefügt: »erfüllt vom Geist Jahwes« (metrisch und grammatikalisch hier ein Fremdkörper, aber sachlich nicht falsch).
Unser Text ist ein markierender Punkt in den Auseinandersetzungen in der prophetischen Bewegung, welche schließlich die Trennung von »Weizen« und »Spreu« bewirkten, wie sie im Kampf des Jeremia gegen die »Lügenpropheten« vorgenom-

8 Ich aber, ich bin voller Kraft,
ich bin erfüllt vom Geist des Herrn,
voll Eifer für das Recht und voll Mut,
Jakob seine Vergehen vorzuhalten
und Israel seine Sünden.

Gegen die bestechlichen Führer Israels: 3^{9-12}

9 Hört doch, ihr Häupter des Hauses Jakob — V. 1
und ihr Richter aus dem Haus Israel! — Am 5^{7}
Ihr verabscheut das Recht
und macht alles krumm, was gerade ist.
10 Ihr erbaut Zion mit Blut — Hab 2^{12}
und Jerusalem mit lauter Unrecht.
11 Die Häupter dieser Stadt sprechen Recht
und nehmen dafür Geschenke an, — Jes 1^{23}
ihre Priester lehren gegen Bezahlung.
Ihre Propheten wahrsagen für Geld,
und doch berufen sie sich auf den Herrn und sagen:
Ist nicht der Herr in unserer Mitte?
Kein Unheil kann über uns kommen.

3^{10} *bonē* G S Vg T; M hat Singular.

men wurde. Michas Portrait vom authentischen Gottesboten gilt auch für das neubundliche Gottesvolk.
3^{9-12} ist inhaltlich und formal eine Einheit, die 3^{1-4} entspricht. In einem Aufmerksamkeitsruf wird der gleiche Personenkreis angesprochen. Der Anklageteil umfaßt $^{9-11}$. Mit *lāken* eingeleitet (vgl. 3^{6}), schließt sich in ^{12} das Strafurteil an. Der Wechsel von der 2. in die 3. Person in ^{11} (in ^{12} rückgängig gemacht!) ist bei Micha (vgl. 3^{5-8}) und sonstwo nicht unüblich. Es handelt sich um Prophetenrede, während das Strafurteil $^{(12)}$ in Jer 26^{18} als Gottesrede zitiert wird.
Die Vorwürfe gegen »die Häupter des Hauses Jakob« und »die Richter aus dem Haus Israel« in 3^{1ff} werden hier dadurch verschärft, daß die Rechtsordnung selbst als Gegenstand des Abscheus, des Hasses und der böswilligen »Verdrehung« in Erscheinung tritt. Als Zeugnis dafür führt Micha die Erbauung Jerusalems durch »Blut« und »Unrecht« an. Der bekannte Schiloach-Tunnel und 2 Chr 32^{27ff} bezeugen eine reiche Bautätigkeit unter König Hiskija. Hiskija selbst mag – Micha nennt ihn nicht – nicht der gewissenlose Antreiber gewesen sein, der für seine Bauten Menschenleben opferte, aber er war doch der Letztverantwortliche dafür, daß die Aristokratie mit Leben und Eigentum der »Untertanen« böse umging, um ihre Paläste bauen zu können. Sie vermochten es, weil Geldgier und Korruption alle verantwortlichen Kreise erfaßt hatten: Die Richter waren Bestochene (vgl. Jes 1^{23} 5^{23}), die Priester, die auch über die Einhaltung des Rechtes zu wachen hatten (vgl. Dtn 33^{10}), machten das Geld zu ihrem Gott, und die Propheten taten es ihnen

Jer 26^{18} 12 Darum wird Zion euretwegen
1^{6} zum Acker, den man umpflügt,
Jerusalem wird zu einem Trümmerhaufen,
der Tempelberg zur überwucherten Höhe.

DIE VERHEISSUNGEN: 4^{1}–5^{14}

Die Völkerwallfahrt zum Zion: 4^{1-5}

4^{1-4}: Jes 2^{2-4}

4^{1} Am Ende der Tage wird es geschehen:
Der Berg mit dem Haus des Herrn
steht fest gegründet als höchster der Berge;
er überragt alle Hügel.
Zu ihm strömen die Völker.

3^{12} *l^e bāmat* G Sym Th; in M Plural (wie in Jer 26^{18}).

nach (vgl. 3^{5-8}). Bei alledem berufen sich diese »Bundesbrecher« noch auf den Bundesgott, der den Zion zu seiner Wohn- bzw. Gnadenstätte gemacht hat, betrachten also die Erwählung als ihr »Blankoprivileg« (vgl. Am 3^{2} 9^{7} Jer 5^{12} 7^{14ff}). Auf diese gewissenlose Vermessenheit wird Jahwe mit der Verwerfung und Zerstörung des Zion und seines eigenen Tempels antworten.

Dieses Schicksal ist damals durch Bekehrung und Buße Hiskijas und »ganz Judas« – so Jer 26^{19} – noch einmal abgewendet worden, bis es in der Katastrophe von 587/86 die durch Jeremia nicht belehrbare Stadt traf. Mi 3^{9-12} gehört mit seiner großen Eindrücklichkeit zu den unumstößlichen prophetischen Zeugnissen, daß zur »Jahwe-Religion« das Ethos als eine Konstituente gehört. Das NT bestätigt hierin die Propheten. Dem neubundlichen Gottesvolk ist darum Mi 3^{9-12} für eine stetige Gewissenserforschung aufgegeben.

4^{1}–5^{14} Dieser zweite Teil des Michabuches weist starke Indizien für eine redaktionelle Überarbeitung auf, vgl. die Einleitung S.167. Dominant sind dabei die Verheißungen. Vom eschatologischen Heilshorizont her wird immer wieder zurückgeblendet in die gegenwärtige Prüfungszeit. Wie 3^{12} (Tempelberg) und 4^{1} (Berg mit dem Haus des Herrn) zeigen, war das Büchlein (selbst wenn es keine authentischen Michasprüche enthalten sollte) dazu bestimmt, die Michaverkündigung auf eine endzeitliche Heilszukunft zu eröffnen. Am deutlichsten wird dies im Zentrum des Büchleins (C und C^{1}).

4^{1-5} Diese Verheißung (Prophetenspruch) der eschatologischen Völkerwallfahrt zum Zion stimmt in 4^{1-4} bis auf wenige Details mit Jes 2^{2-4} überein. Eine genaue Analyse läßt weder Jesaja noch Micha als Autor in Betracht kommen: Es handelt sich vielmehr um einen früh-nachexilischen (inspirierten) Text, der ein singuläres theologisches Gewicht hat.

»Am Ende der Tage« bezeichnet hier dem Kontext nach die Endzeit. Ihr entspricht der ausgeprägte Universalismus der Perikope. Zur Vorstellung des Zion als dem höchsten der Berge vgl. Ps 48^{2-3}, wo dem Zion die Rolle des mythischen Nordberges (vgl. Jes 14^{13}) übertragen wird. Zugleich mag, wie $^{2-3}$ vermuten lassen, an die

2 Viele Nationen machen sich auf den Weg.
Sie sagen: Kommt,
wir ziehen hinauf zum Berg des Herrn
und zum Haus des Gottes Jakobs.
Er zeige uns seine Wege,
auf seinen Pfaden wollen wir gehen.
Denn von Zion kommt die Weisung,
aus Jerusalem kommt das Wort des Herrn.
3 Er spricht Recht im Streit vieler Völker,
er weist mächtige Nationen zurecht
[bis in die Ferne].
Dann schmieden sie Pflugscharen
aus ihren Schwertern
und Winzermesser aus ihren Lanzen.
Man zieht nicht mehr das Schwert, Volk gegen Volk,
und übt nicht mehr für den Krieg.
4 Jeder sitzt unter seinem Weinstock
und unter seinem Feigenbaum,
und niemand schreckt ihn auf.
Ja, der Mund des Herrn der Heere hat gesprochen.

Übernahme der Rolle des Sinai durch den Zion gedacht sein. Vom »Strömen der Völker« ist nur noch in Jer 51[44] die Rede: »Die Völker strömen nicht mehr zu ihm« (dem Gott Bel von Babel). Unser Text stellt also eine Art »Kontrapunkt« zu Jer 51[44] (Nachtrag) dar. Der Aufruf von [2] entspricht Jer 31[6]. Nur treten an die Stelle der Nordisraeliten nun die »vielen Nationen«, was auch Sach 8[22] ankündigt. Sie suchen in Mi 4[2] Belehrung mit einer Begründung, die mit Jes 51[4] korrespondiert. Die Völker nehmen gemäß [3] selbst – so total sind sie »umgewendet« durch ihre Hinkehr zu Jahwe vom Zion – die Umschmiedung der Kriegswaffen in Friedensgeräte vor, während noch Ps 46[10] Jahwe »den Kriegen ein Ende setzt ..., die Bogen zerbricht, die Lanzen zerschlägt, die Schilde im Feuer verbrennt« (vgl. Hos 2[20] Jes 9[4]). Der dem Originaltext angefügte [4] blendet Israel mit einem auch in 1 Kön 5[5] und Sach 3[10] gebrauchten Bild in die universale Friedensperspektive ein. Auch [5] ist ein Zusatz. Er erklärt sich am besten als liturgische Antwortformel, welche die Gegenwart betrifft, mit dem Sinn: Mögen auch jetzt noch die Völker ihrem je eigenen Gott folgen, wir als »Israel« gehen bereits unseren Weg zusammen mit Jahwe (vgl. Jes 2[5]).

Es geht hier nicht um ein Herbeibringen von reichen Opfergaben wie Jes 60 (vgl. Hag 2[7–9]) und eine Unterordnung unter Israel, sondern um Teilhabe der Völkerwelt an der Jahweoffenbarung, wie sie in Jerusalem der ganzen Menschheit offensteht (vgl. Jes 56[6–7] 66[21] Ps 47[10]). Die Torah als Botschaft und Wegweisung Jahwes – Weisung und Wort meinen in 4[2c] die Selbstoffenbarung Gottes zusammen mit seiner wesentlichen Willensoffenbarung (Dekalog) – hat ihre endgültige Letztgestalt in der Verkündigung und im Leben und Lebensgeschick Jesu Christi erhalten

5 Denn alle Völker gehen ihren Weg,
jedes ruft den Namen seines Gottes an;
wir aber gehen unseren Weg im Namen Jahwes,
unseres Gottes, für immer und ewig.

Die Bedrohung und Rettung Zions: 4^{6-13}

6 An jenem Tag – Spruch des Herrn –
Ez 34^{12-16}; will ich versammeln, was hinkt,
Zef 3^{19} und zusammenführen, was versprengt ist,
und alle, denen ich Böses zugefügt habe.
7 Ich mache die Hinkenden zum (heiligen) Rest
und die Schwachen zu einem mächtigen Volk.
Und der Herr wird ihr König sein
auf dem Berg Zion
von da an auf ewig.

4^7 *hannil'āh* (Vg: laboraverat). M: »das Entfernte«.

»für alle Geschlechter der Erde« (vgl. Gen 12^3). Darum gilt für uns Hebr 12^{22ff}. Für beide Testamente gilt, daß der endgültige »Friede auf Erden« in Gott selbst und in der Verbindung mit ihm sein Fundament hat.

4^{6-8} Mit der in exilisch-nachexilischer Zeit vermehrt gebrauchten Formel »an jenem Tag« wird hier ein Gottesspruch (Jahwe in der 1. Person) eingeleitet, der in ^{7b} in einen Prophetenspruch (Jahwe in der 3. Person) übergeht (so häufig in Prophetentexten). ^{8} erweist sich als redaktioneller Scharniervers (5^1 nachgebildet), der zugleich auf den Folgetext vorbereiten soll. Bemerkenswert ist auch der hier gebrauchte (verkürzte) Aramaismus *te'taeh.*

Hinter der Verheißung in $^{6-7}$, daß Jahwe selbst Hirte sein wird, stehen folgende prophetische Zusagen: Jer 23^3 Zef 3^{13} Ez 34^{12} und vorab 34^{16} Zef 3^{19} (nachexilischer Zusatz, vgl. Gen 32^{32}: der hinkende Jakob). Der (heilige) »Rest«, hier schon eine positive Ehrenbezeichnung, erinnert an Zef $2^{7.9}$ 3^{13} Jer 23^3 31^7 Sach $8^{6.11}$. Sein Synonym »mächtiges Volk« beschwört Gen 18^{18} (J, die Nachkommenschaft Abrahams). Vom Hirtentum Jahwes ist nur ein kleiner Schritt zum Königtum Gottes (Hirt und König sind im Alten Orient Wechselbegriffe). Es visiert vorab den Einsatz der göttlichen Macht für die Rettung des Gottesvolkes aus dem Chaos der Geschichte an (vgl. Jes 52^7, Spruch des Frohboten zu Zion: »Dein Gott ist König« und auch Ps 93^1 96^{10} 97^1 99^1). ^{8} verbindet mit dieser Zusage die Verheißung eines messianischen Herrschers im zukünftigen Jerusalem. Die Stadt wird »Herdenturm« (vgl. 2 Chr 26^{10}) genannt, d. h. bergende Rettungsstätte für den »Rest« als von Jahwe heimgeführte Herde; »Felsenhöhe« *(= ᶜōfel)* bezeichnet die höchste Erhebung des alten Zionsberges, wo seit David die Königsburg stand.

Die jetzige literarische Einheit 4^{6-8} stellt, was sonstwo ähnlich (Hirten) nur Ezechiel tut (Ez 34^{22-24}), einen ausdrücklichen Zusammenhang zwischen dem Königtum Gottes und dem messianischen Königtum her.

8 Und du, (schützender) Turm für die Herde,
Felsenhöhe der Tochter Zion,
du erhältst wieder die Herrschaft wie früher,
das Königtum kommt wieder zur Tochter Jerusalem.
9 Jetzt aber, warum schreist du so laut?
Gibt es keinen König bei dir?
Ist kein Berater mehr da,
daß dich Wehen ergreifen wie eine gebärende Frau?
10 Winde dich, stöhne, Tochter Zion,
wie eine gebärende Frau!
Denn jetzt mußt du hinaus aus der Stadt,
auf freiem Feld mußt du wohnen.
Du mußt fort bis nach Babel.
Dort wirst du gerettet,
dort wird der Herr dich loskaufen
aus der Hand deiner Feinde.
11 Jetzt versammeln sich viele Völker gegen dich
und sagen: Zion wird entweiht,
und unser Auge soll sich daran weiden.
12 Aber sie kennen nicht die Gedanken des Herrn Jes 55[8f]
und verstehen nicht seine Absicht:
daß er sie sammeln wollte
wie Garben auf einer Tenne.

4[8] Tilge *ū-bā'āh* als Glosse. M wörtlich: »zu dir kommt ...«.
4[10] *wæh^ægī*. M: »zieh heraus« (nicht unmöglich).

Im NT wird dieser Zusammenhang heilsgeschichtlich ein für allemal realisiert.

4[9–14] ist eine literarische Einheit aus drei »Jetztsprüchen« (*ᶜattāh* in 4[9.11.14]), hinter denen ein prophetischer Sprecher steht (Jahwe in der 3. Person). Die beiden ersten sind so strukturiert, daß auf das leidvolle »Jetzt« eine Heilsansage folgt. Eine solche schloß ursprünglich vielleicht auch den dritten Spruch. Jedenfalls muß 5[1] im jetzigen Endtext diese Funktion erfüllen. Darum wird 4[14] zumeist auch mit 5[1ff] zusammengeschlossen. Den Hintergrund der Jetzt-Sprüche bildet die leidvolle Situation unmittelbar nach 587/86.

In [9–10] wird die »Tochter Zion« (vgl. Jer 4[31] 6[2] u. a.) angesprochen (Personifikation der Stadt und ihrer Bevölkerung). Sie wird als in Geburtswehen Schreiende vorgestellt. [9] gibt offensichtlich Jer 8[19] Echo. Die Frage verweist bereits auf den Rettergott, der die auf dem freien Feld zur Wegführung nach Babel Kampierenden schützend begleiten wird, um dann dort am Ende sich als Befreiergott erfahren zu lassen, wie es Jer 31[11] in einem ähnlichen Spruch ansagt.

[11–13] lassen sich am ehesten auf die Belagerung Jerusalems durch die Neubabylonier und ihre Hilfstruppen (Ammoniter, Moabiter, Edomiter) im Jahre 587 beziehen. Unser Text wäre dann zeitlich wohl der erste, welcher die »Versammlung der Völker« gegen Jerusalem zum Anlaß einer Gerichtsansage wider sie

13 Steh auf, um zu dreschen, Tochter Zion!
Denn ich gebe dir Hörner aus Eisen
und mache dir bronzene Hufe,
damit du viele Völker zermalmst
und ihren Besitz dem Herrn weihst,
ihren Reichtum dem Herrn der ganzen Erde.

Der messianische Herrscher: 4^{14}–5^{5}

14 Jetzt ritze dich wund, Tochter der Trauer!
Wir werden von Feinden belagert;
sie schlagen dem Richter Israels
mit dem Stock ins Gesicht.
5^{1} Aber du, Betlehem-Efrata,
so klein unter den Gauen Judas,
Jes 11^{1} aus dir wird mir einer hervorgehen,
der über Israel herrschen soll.
Sein Ursprung liegt in ferner Vorzeit,
in längst vergangenen Tagen.

nähme, wobei Israel zum Gerichtswerkzeug bestellt wird wie in Ez 25^{14} Obd ^{18} Sach 12^{6}. Zum Bild vom »Dreschen« vgl. Jes 41^{15}, auch Am 1^{3} Hab 3^{12}. Hier sind Vorstellungen des Jahwekrieges aufgenommen und in die Zukunft projiziert.

^{14} Das »Jetzt« bezieht sich zunächst auf die Belagerung und Eroberung Jerusalems im Jahre 587/86 und dann auf die Gefangennahme und Blendung des Königs Zidkija durch Nebukadnezzar (vgl. auch Jer 52^{9ff}. »Richter« kann ein Synonym für den König sein, vgl. Ps 2^{10} 148^{11} Jes 16^{5}). »Sich wund ritzen« ist ein Trauerritus, in Jer 16^{6} und 41^{5} bei der Trauer um Jerusalem erwähnt, in Dtn 14^{1} verboten. Aus der »Tochter Zion« in ^{10} ist jetzt eine »Tochter der Trauer« geworden. Die Wendung zum Heil wird im gegenwärtigen Text durch 5^{1ff} angesagt.

Diese drei »Jetzt-Sprüche« können nacheinander von einem Propheten in der Zeit von 588–586 formuliert worden sein. Vieles weist auf einen Mann aus dem Jüngerkreis des Jeremia hin, der gegen Ende seiner Verkündigung auch der Heilsgewißheit für Jerusalem wieder Raum gab (vgl. z. B. Jer 32^{15}). Unser Heilstext 4^{9-14} – auf dem Heil der Zukunft, nicht auf dem Unheil des »Jetzt« liegt der Akzent – ist, wohl um Mi 3^{12} zu relativieren, von der Hauptredaktion des Michabuches aufgenommen worden. Er konnte und sollte in hoffnungslosen Situationen der Nachexilszeit das Augenmerk darauf lenken, daß 3^{12} nicht das letzte »Wort Gottes« für Jerusalem bedeutete.

5^{1-5} Dieser bekannte messianische Text, in die Form eines »Stammesspruches« (vgl. Gen 49 und Dtn 33) gefaßt, weist mehrere Unebenheiten, ja Spannungen auf. Mit einem an unüblicher Stelle vorkommenden *lāken* (= »darum«) eingeführt, sprengt ^{2} den Zusammenhang. Erst recht ist dies der Fall bei $^{4b-5a}$, wo ein »Wir« als Handlungsträger erscheint, während in $5^{1.3.5b}$ Jahwe bzw. der Friedenskönig den Hand-

2 Darum gibt der Herr sie preis,
bis die Gebärende einen Sohn geboren hat. Jes 7^{14}; 9^{5}
Dann wird der Rest seiner Brüder heimkehren
zu den Söhnen Israels.
3 Er wird auftreten und ihr Hirt sein
in der Kraft des Herrn,
im hohen Namen Jahwes, seines Gottes.
Sie werden in Sicherheit leben;
denn nun reicht seine Macht
bis an die Grenzen der Erde.
4 Und er wird der Friede sein.
[Wenn Assur in unser Land einfällt
und in unsere Paläste eindringt,
stellen wir ihm sieben Hirten entgegen
und acht fürstliche Männer.

5^{4} Fürstliche Männer, wörtlich: »Menschenfürsten«.

lungsablauf bestimmen. Neben dem einen Hirten treten darin sieben bis acht Hirten auf, die »Menschenfürsten« (d. h. von Menschen eingesetzt) genannt werden. Da dieser »Einschub« eine gute metrische Form hat, kann er ein bereits vorgeformter Text sein, der in der Endredaktion des Buches an diese Stelle gesetzt wurde, wobei ^{5b} vielleicht als »Einbinder« erst seine jetzige Formulierung gefunden haben könnte. Der geschichtliche Hintergrund des Einschubs ist nicht mehr aufzuklären. »Assur« ist jedenfalls nur Repräsentant der Israel feindlichen Weltmächte.
Der »Stammesspruch« ist an das kleine Betlehem gerichtet, in welchem die judäische Efratitersippe (vgl. Rut 4^{11}) wohnte. Der Vater Davids wird in 1 Sam 17^{12} Efratiter genannt. Auf die unscheinbaren Ursprünge der Daviddynastie will ^{1} hinweisen und dartun, daß die Natanszusage (2 Sam 7) von Jahwe eingehalten wird, allerdings durch einen Rückgriff auf den »Baumstumpf Isais«, wie Jes 11^{1} den Neubeginn bildhaft nennt (zugleich mit Tadel der bisherigen Davididen). Der Autor benützt sogar das Vokabular von 2 Sam 7^{8}. Das Wort »König« wird vermieden (vgl. auch Ez 34^{24}). ^{1} redet vom Hervorgehen eines »Herrschers« *(mōšel)* wie Jer 30^{21}. Durch den Rückgriff auf den betlehemitischen Ursprung – im Hebräischen »seine Aufgänge« (Intensivplural!), Anklang an die altorientalischen Königsvorstellungen – kann unser Text wie Neh 12^{46} von »ferner Vorzeit« reden. Der Ausdruck »in längst vergangenen Tagen« *(mīmē ᶜōlām)* findet sich nur in nachexilischen Texten (vgl. Mi 7^{14} Jes $63^{9.11}$ Mal 3^{4} Am 9^{11}). ^{2} ist ein eingeschobener »Verbindungsvers«, der $5^{1.3.(5)}$ mit den »Jetztsprüchen« in 4^{9-14} in Zusammenhang setzt. Er übernimmt den Terminus »Gebärende« von 4^{10} (vgl. auch Jes 66^{7f}) und greift zugleich Jes 7^{14} auf (messianische Auslegung des umstrittenen Jes-Textes). Mit Jes 7^{15f} setzt der Autor eine »Zwischenzeit« vor die Erfüllung (hier: die Geburt und das rettende Walten des messianischen Herrschers). Die Heimkehr

5 Sie werden das Land Assur
mit dem Schwert regieren,
Nimrods Land mit gezückter Waffe.]
Er wird uns vor Assur retten,
wenn es unser Land überfällt
und in unser Gebiet eindringt.

Der heilige Rest: 5⁶⁻¹⁴

6 Dann ist der Rest Jakobs inmitten vieler Völker
Hos 14⁶ wie der Tau, der vom Herrn kommt,

5[5b] *bappᵉtīḥāh;* M: »in seinen Eingängen« (?).

aller Verbannten in die palästinische Heimat wird hier in engen Zusammenhang mit dem »Messiasereignis« gebracht (ähnlich Ez 37[22]). [3] nimmt 2 Sam 5[2] auf und wendet die Zusage in Anlehnung an Ez 34[23f] auf den künftigen David an. Ihm wird ein universales Reich zugesprochen wie in Ps 72[8] und Sach 9[10]. [4a] (»und er wird der Friede sein«) bezieht sich deutlich auf den messianischen Herrscher. *»šālōm«* wird hier zu einer Art Titel, der auf Jes 9[5] (»Fürst des Friedens«) und 9[6] (»seine Herrschaft ist groß, und der Friede hat kein Ende«) zurückverweist. Dabei ist bedeutsam, daß *šālōm* im Hebräischen nicht nur Abwesenheit von Krieg bedeutet, sondern Anwesenheit von »Recht und Gerechtigkeit« (Jes 9[6]) und »Fülle«, d. h. Glücken des Menschseins im Ganzen. Die Voraussetzung dafür schafft nach [5b] der Messias allerdings durch die Errettung des Gottesvolkes von den bedrückenden Weltmächten, deren Repräsentant (vgl. Esra 6[22]: Assur = Persien) die Macht ist, die Israel im 8. Jh. so viel Leid gebracht hat. Möglicherweise ist [5b] aber auch Zusatz, der [4b–5a] einbinden soll.

Unsere Analyse von Mi 5[1.3.(5)] hat deutlich gemacht, daß wir keinen authentischen Michatext vor uns haben, sondern die Botschaft eines Jerusalemer Autors aus der letzten Exilszeit oder der Zeit der ersten Heimkehrer mit ihrer starken Messias-Erwartung (vgl. Hag 2[20–23]). Er lehnt sich offensichtlich an Jes 11[1–10] Jer 30[20f] 33[23f] an. Sein Text wurde vom Hauptredaktor des Michabuches unter Einfügung von 5[2] in die Michatradition eingestellt. Dennoch hat Mi 5[1–5] als kanonisch und inspiriert wie andere verwandte Prophetentexte zu gelten. Von großer Bedeutung ist, daß er Jes 7[14] messianisch auslegt und so eine klassische Reihung der königlichen Messiastexte herstellt: Jes 7.9.11 Mi 5[1–5]. Diese Königstexte erfahren ihre Vollerfüllung erst am Ende der Geschichte. Jesus hat kein »politisches Mandat« aus ihnen abgeleitet, ja es ausdrücklich abgelehnt. Aber er hat sich in einem umfassenden Sinn als der mit dem Hirtentum Jahwes Betraute gewußt. Mit seiner Geburt hat Lk 2[14] den »Frieden auf Erden« verbunden. In ihm erlangen seine Jünger nach Joh 16[33] »den Frieden«. Eph 2[14] bekennt von ihm: »Er ist unser Friede«, und Hebr 7[2] teilt ihm den Ehrentitel »König des Friedens« zu.

5[6–8] Mit der jeweiligen Einleitungsformel *wᵉhājāh* in [6] und [7] haben wir

wie der Regen, der auf die Pflanzen fällt,
der auf niemand angewiesen ist
und auf keinen Menschen zu warten braucht.
7 Unter den Nationen, inmitten vieler Völker,
ist dann der Rest Jakobs
wie der Löwe unter den Tieren im Wald,
wie der junge Löwe unter den Schafen im Pferch:
Wenn er einbricht,
schlägt er zu und zerreißt sie,
und niemand ist da, der sie rettet.
8 Du wirst die Hand gegen deine Feinde erheben,
und alle deine Gegner werden ausgerottet.
9 An jenem Tag – Spruch des Herrn –
werde ich die Pferde in deiner Mitte vernichten Sach 9^{10}
und deine Kriegswagen zerstören.

5^{8} *tārūm:* Mss G S T Ps 89^{14}. M: »sie soll erhoben sein«.

einen Doppelspruch vor uns, der in der konzentrischen Figuration von Mi 4–5 4^{6-8} entspricht. Nur sind jetzt die nach dem Zion Heimgekehrten zweimal feierlich und singulär als »Rest Jakobs« bezeichnet, während sich in 4^{7} nur die Bezeichnung »Rest« findet. Der Doppelverheißung liegt ein doppelter Bezug des endzeitlichen Israel zur Völkerwelt zugrunde: Es wird ein Segen sein *oder* ein Gerichtswerkzeug Jahwes für die Welt. ^{8} wechselt in direkte Anrede über. Sie muß sich dem Vokabular nach auf Jahwe beziehen und kann am besten als liturgische Antwort der Gemeinde verstanden werden. ^{8} ist redaktionell und soll zugleich 5^{9-14} vorbereiten.

Jakob empfängt nach Gen 27^{27ff} im Isaaksegen u. a. vom »Tau des Himmels«, und »Völker werden ihm dienen«. Tau ist ein Symbol für Segen (vgl. Jes 26^{19} 45^{8} Hos 14^{6}), ebenso der Regen (vgl. Ps 72^{6} Hos 6^{3} Ez 34^{26}). Sie sind vom Menschen völlig unabhängige Gottesgaben und werden Israel in einer solchen Fülle zuteil, daß diese überquillt in die Völkerwelt hinein. ^{7} wird sich auf den Jakobspruch über Juda stützen (Gen 49^{9}). Auch Num 23^{24} (Israel wie ein Löwe) gab einen Haftpunkt dafür ab, das endzeitliche Israel als das sich mit Macht auf Erden durchsetzende Gottesvolk gegenüber der Völkerwelt zu erwarten. Unser Text findet sich hier in Übereinstimmung mit Jes 60^{12} Ps 149^{6f} Obd ^{18}. ^{8} läßt sich durch Gebete wie Ps 89^{14} und vorab Jes 26^{11} illustrieren.

In die Verlängerungslinie unseres Textes gehört vorab die ntl Apokalypse des Johannes: Da ist Jesus, der Christus, »der Löwe aus Juda« (5^{5}), der endgültige Sieger über alle Mächte und ihr Richter (vgl. 14^{14ff} 17^{14} 19^{11ff}).

5^{9-14} Der konzentrischen Figuration von Kapitel 4–5 nach erwartet man (vgl. 4^{1-5}) das Thema: die endzeitliche Völkerwelt. ^{8} als Vorbereitungsvers und vorab ^{14} entsprechen dieser Erwartung. Doch $^{9-13}$ nehmen sich wie ein Strafurteil über Israel aus, wie wir solche ähnlich und mit verwandter Thematik in Jes 31^{1-3} 6^{11-13} Jer 5^{17} Ez 13^{17-23} Hos 10^{2} (vgl. auch Jes 2^{6-8}) finden. $^{9-13}$ war ursprünglich ein anonymer prophetischer Spruch

10 Ich vernichte die Städte in deinem Land
und reiße alle deine Festungen nieder.
11 Ich vernichte die Zaubermittel in deiner Hand,
und es wird bei dir
keine Zeichendeuter mehr geben.
12 Ich vernichte deine Götterbilder
und deine geweihten Steinmale,
und du wirst dich nicht mehr niederwerfen
vor dem Werk deiner Hände.
Ex 23^{24} 13 Die Kultpfähle in deiner Mitte reiße ich aus
und zerstöre deine Städte.
14 In meinem glühenden Zorn nehme ich Rache
an den Völkern, die nicht gehorchen.

gegen Israel, der durchaus in der Linie der vorexilischen Prophetie unterzubringen ist. Doch plädieren Thema, Sprache und die profilierte Sonderform des Stückes eher gegen eine michanische Verfasserschaft. Da Israel nicht ausdrücklich genannt ist, konnte der Hauptredaktor von 4–5 den Text auf die durch ^{8} und ^{14} geschaffene universale Ebene heben und damit jedes der Völker mit diesem ursprünglichen göttlichen Strafspruch über Israel belegen. Verglichen mit 4^{1-5} stellt unser Komplementärtext heraus, daß Jahwe im Zusammenhang mit der Völkerwallfahrt eine universale Reinigung der Völker durchführen wird: Ihnen werden alle Mittel kriegerischer Macht entrissen; ihre Zauberei und Zeichendeuterei, ihr Bilderdienst und ihr Kult überhaupt werden zum Verschwinden gebracht. Gegen all diese »heidnischen« Erscheinungen ist Jahwes Zorn und Eifer in seiner Geschichte mit Israel entbrannt. Er wird sich in der Endzeit ähnlich gegen alle Heidenvölker richten, die aus dem Geschick Israels nichts gelernt haben, wiewohl sie (vgl. Mi 1^{2}) zum »Hören« eingeladen wurden.

Unser Text steht Hag 2^{22} ziemlich nahe. Die Endredaktion dürfte in dieser Zeit vorgenommen worden sein.

Bemerkenswert ist der jetzige universale Horizont von 5^{9-14}: Die Endzeit wird durch Jahwe selbst eine Angleichung der Völkerwelt an Israel bringen. Diese selbst wird zu einem umfassenden Gottesvolk (vgl. Ps 47^{10}: Die Fürsten der Völker versammelt als Volk des Gottes Abrahams). Nehmen 4^{1-5} dieses Finale voraus, so geben 5^{9-14} den Blick auf die letzte Wegstrecke zu diesem »Ende« frei und bezeugen, daß der einzigartige Zustand von 4^{1ff} nicht ohne Jahwes läuterndes eschatologisches Eingreifen erreicht werden wird. Die ntl Eschatologie hat eine ganz ähnliche Struktur. Nur gilt das noch ausstehend Kommende zugleich als das im Christusereignis bereits präsentisch Angebrochene. So spiegelt sich das eine Gottesvolk der Endzeit, das aus dem großen Gericht hervorgehen soll und wird, bereits in der »einen Kirche aus Juden und Heiden« (vgl. Eph 2^{11ff} Kol 3^{11}) voraus.

6^{1-8} ist eine zumindest literarische (nach rückwärts und vorwärts sich abhebende) Einheit, auch wenn formgeschichtlich $^{1-5}$ an das bei den Propheten öfter gebrauchte Prozeß-Muster (Prozeß wegen Bundesbruch, vgl. Hos 4^{1ff} 12^{2} Jer 25^{31f} u. a.) erinnert und $^{6-8}$ eine Ähnlichkeit mit einer Torah-Liturgie aufweist (vgl.

WEITERE DROHREDEN: 6^1–7^7

Gottes Forderung an sein Volk: 6^{1-8}

6^1 Hört doch, was der Herr sagt: Jes 3^{13-15};
Auf, tritt an zum Rechtsstreit! Hos 4^{1-3}
Die Berge sollen Zeugen sein,
die Hügel sollen deine Worte hören.
^{2} Hört zu, ihr Berge, beim Rechtsstreit des Herrn,
gebt acht, ihr Fundamente der Erde!
Denn der Herr hat einen Rechtsstreit
mit seinem Volk,
er geht mit Israel ins Gericht:

6^2 *w^{e}ha'^{a}zīnū* (vgl. Hos 5^1 Jes $1^{2.10}$); M: »die beständigen«.

Ps 15 24^{4-6} Jes 33^{14ff}). Doch ist das »Muster« jeweils frei, d. h. mit auffälligen Differenzierungen gehandhabt. Beide Teile könnten gar nicht für sich selber bestehen. Zudem sind ^{3} und ^{6} durch das Fragewort »was« *(māh)* stichwortartig miteinander verbunden (in der Torah-Liturgie wird mit »wer« *[mī]* gefragt). Auch die Struktur ist die gleiche: Beide Male wird zunächst allgemein gefragt, und dann wird konkretisiert. Das »antworte mir« (bzw. »zeuge wider mich!«) ruft die Antwort von $^{6-8}$ geradezu hervor. Daß in Teil I Jahwe in der 1. Person spricht und den Adressaten zweimal als »mein Volk« anredet (^{3} und ^{5}), während in $^{6-8}$ von Jahwe in der 3. Person die Rede ist und ein einzelner zu Wort kommt, ist kein hinreichender Grund für eine literarische Operation. Denn schon am Ende von ^{5} begegnet, wenn auch in einer geprägten Formel, Jahwe in der 3. Person, und das »Ich« hat doch häufig eine zugleich kollektive Funktion (vgl. z. B. Jes 12^{1ff}). In ^{8} wird mit *'ādām* allerdings der einzelne angeredet, doch kennt gerade die Torah-Liturgie den generalisierenden Singular (vgl. Jes 33^{14b-16} Ps 15^{2ff} 24^{4-6}). Trotz einiger kultischer Anklänge im Vokabular (neben »profanem« Sprachgut) und in der Sache ist unser Text keine eigentliche Kultagende. Mi 6^{1-8} ist also in erster Linie ein prophetisches Lehrstück. In ihm treten drei Sprecher in Funktion: a) Jahwe selbst in $6^{1b.3-5}$, b) der Repräsentant der Gemeinde in 6^{6-7}, c) der Prophet in $6^{1a.2.8}$.

6^1 ist in der häufigen Übersetzung, die auch die EÜ gewählt hat (nach G), eine Verdoppelung von ^{2}. Da sowohl *rīb 'æl* wie *rīb 'æt* sonst immer »einen Prozeß führen mit« bedeutet, liegt höchstwahrscheinlich eine Aufforderung zu einem allgemeinen Gericht vor. Die »Berge« und »Hügel« sind dann Chiffren für die Völker. ^{1} muß als redaktionell eingestuft werden. Das überlieferte Lehrstück beginnt mit ^{2}. In ihm wird das »Gerichtsforum« konstituiert. Zu Zeugen werden die Berge als das Höchste und Währendste der Erdenwelt und die Fundamente der Erde als ihr Tiefstes und Dauerndstes bestellt (vgl. Jes 1^2: Himmel und Erde als Zeugen). Kläger ist Jahwe selbst: Er verklagt sein Bundesvolk. Doch statt eine scharfe Anklage zu formulieren, greift Jahwe in einer Art »Selbstver-

3 Mein Volk, was habe ich dir getan,
oder womit bin ich dir zur Last gefallen?
Antworte mir!
Dtn 5^{6}; 1 Sam 12^{6} 4 Ich habe dich doch aus Ägypten heraufgeführt
und dich freigekauft aus dem Sklavenhaus.
Ich habe Mose vor dir hergesandt
und Aaron und Mirjam.
5 Mein Volk, denk daran,
Num 22–24 was Balak plante, der König von Moab,
und was ihm Bileam antwortete, der Sohn Beors;
denk an den Zug von Schittim nach Gilgal,
7^{9} und erkenne die rettenden Taten des Herrn.
6 Womit soll ich vor den Herrn treten,
wie mich beugen vor dem Gott in der Höhe?
Soll ich mit Brandopfern vor ihn treten,
mit einjährigen Kälbern?

6^{5} nach *b^{æ}n-b^{e}ʿōr* muß ein Wort aus dem Wortfeld *ʿbr* (= »hinüberziehen«) durch Haplographie ausgefallen sein.

teidigung« zur Form der Klage. Die doppelte Anrede »mein Volk« bezeugt die immer noch liebevolle Zuwendung zum Bundespartner. Aber Israel fühlt Jahwe offenbar als überfordernde Last (vgl. Ex 15^{24} $16^{3.7}$ Mal 1^{13}). $^{4.5}$ Der Herr führt als Zeugnis seiner Guttaten an seinem Volk viererlei an: 1. Die Errettung aus Ägypten mitsamt der Landgabe (Heraufführungsformel). 2. Das Geleit durch die Wüste durch die berufenen Anführer Mose, Aaron und Mirjam, deren Einfluß jetzt noch wirksam ist (Mose als Gesetzgeber, Aaron als Haupt der Priesterschaft, Mirjam als »Mutter« der Psalmodie, vgl. Ex 15). 3. Die Befreiung vom Fluch des von Balak bestellten Bileam (vgl. Num 22–24, Verwandlung des Fluches in Segen). 4. Die Ermöglichung des Weiterzuges von Schittim (Num 25^{1} Jos 3^{1}) über den Jordan bis Gilgal (bei Jericho, Ausgangspunkt der westjordanischen Landnahme, vgl. Jos 3–5). Das alles sind Wohltaten, die der Bundesgerechtigkeit Jahwes entsprangen (zu *ṣidqōt jhwh* vgl. Ri 5^{11} 1 Sam 12^{7}). Das klagende Plädoyer Jahwes bewirkt die Umkehr, die sich in den Fragen von $^{6-7}$ anzeigt. Die Hörer denken dabei an ein Höchstmaß kultischer Leistungen: ^{6} Brandopfer, in denen alles Geopferte verbrannt wird, wobei einjährige Kälber als besonders kostbare Opfergabe galten (vgl. Lev 9^{3}), ^{7}reichliche Widderopfer (vgl. die Salomo-Opfer in 1 Kön 3^{4} 1 Chr 29^{21}), riesige Ölopfer (in Ex 29^{40} und Lev 2^{1ff} nur Zugabe), sogar Menschenopfer (Erstgeburtsopfer), die nach Jer 7^{31} 19^{5} verbotenerweise im Tal Ben-Hinnom südlich von Jerusalem dem »Moloch« dargebracht wurden (in der Vorstellung, diese Hinopferung des Kostbarsten müsse die Gottheit versöhnen). Trotz der übertreibenden Formulierungen sind die Fragen ernst gemeint, sonst bliebe der gegenteilige Bescheid in ^{8} unverständlich. Der Prophet gibt eine lapidare Antwort auf die Frage, was vor Jahwe »Religion« ist. Er verweist dabei auf die wesentliche Willensoffenbarung

7 Hat der Herr Gefallen an Tausenden von Widdern,
an zehntausend Bächen von Öl?
Soll ich meinen Erstgeborenen hingeben Lev 18[21]
für meine Vergehen,
die Frucht meines Leibes für meine Sünde?
8 Es ist dir gesagt worden, Mensch, was gut ist Am 5[21–26];
und was der Herr von dir erwartet: Hos 2[21]

Gottes, wie sie seit Mose von allen Propheten Israel verkündet wird. Der Angeredete wird hier *'ādām* (= »Erdling«) genannt wie in Dtn 8[3] Jes 2[17] Lev 1[2] 13[2]. Der Bescheid wird zuerst auf »das Gute« hin orientiert, d. h. aber im hebräischen Verständnis: was dem Menschen guttut und ihn glücken läßt. Vorab darum »sucht« Gott das Gute an ihm bzw. erwartet es von ihm. Das »Gute« besteht in nichts anderem als in dem in der Form eines Dreispruches (drei ist die Zahl Gottes) Ausformulierten und Konkretisierten: Jahwes erstes Anliegen ist »Recht und Gerechtigkeit« *(mišpāṭ;* Leitwort des Amos, vgl. 5[7.15.24] 6[12], vgl. auch Jes 1[10–17] 5[7] Mi 3[1.9.] u. a.). Es geht aber nicht nur um in Taten geübte Gerechtigkeit: Diese Taten müssen aus inneren Entscheidungen kommen, die aus der »Liebe zur Verbundenheit« *('ahᵃbat ḥæsæd)* mit den Menschen als Gottes »Partnern« geboren sind (vgl. Hos 6[6], wobei *ḥæsæd* von G und Mt 19[13] 12[7] mit »Erbarmen« wiedergegeben wird). Beide, Gerechtigkeit und »treuer Brudersinn« (*ḥæsæd* ist schwer mit einem einzigen Wort übersetzbar), sollen sich speisen aus einem achtungsvollen und aufmerksamen, d. h. ehrfürchtigen »Wandern *mit* (seinem) Gott« (so nur noch bei Henoch in Gen 5[24] und Noach in Gen 6[9], allerdings Hit*paᶜel* mit *'æt).*

Herkunft und Datierung dieses überaus gewichtigen Textes sind in der Forschung umstritten. Daß in seinem Gehalt der Geist der Propheten des 8. Jh. waltet, ist keine Frage. Doch ist die Perikope der Tonalität, dem Vokabular und der Form nach nur mit Mühe beim Micha der Kapitel 1–3 unterzubringen. Ihre Nähe zum Dtn (vgl. vorab 8[2–6] und 9[4–7], beide mit den Verben *zkr* »gedenken« und *jdᶜ* »erkennen« wie in Mi 6[5]) ist unverkennbar, aber ebenso auffallend ist auch die Distanz. Denn die Weisung in [8] gibt die Priorität nicht betont dem 1. Gebot, sondern den ethischen Weisungen der Propheten. Eine vorexilische Datierung und Situierung im prä-deuteronomischen Milieu ist also nicht einfachhin auszuschließen. Die Ungewißheit der Datierung tut aber der singulären Bedeutung keinen Abbruch.

Wir haben in Mi 6[8] die lapidarste Zusammenfassung und Gewichtung der Willensoffenbarung Jahwes vor uns. Angesichts einer Zuhörerschaft, die Religion einseitig nur im Sinn des Opferkultes zu denken vermag, muß unser Prophet verkünden, daß das mitmenschliche Ethos Gott mindestens ebenso wie der direkte Gottbezug (Glaube, Gebot, Kult) am Herzen liegt. Dieses verinnerlichte Ethos gehört konstitutiv – und nicht bloß konsekutiv – zur bundespartnerischen Existenz vor Jahwe. Religion ist biblisch nicht einfachhin »Rückbindung an Gott«, sondern »Ja« zu Jahwe als Jahwe, d. h. nur wer in, mit und durch Jahwe sich in Gerechtigkeit und Brudersinn der mitmenschlichen Gemeinschaft zukehrt, gehört zu ihm. Mi 6[8] begegnet dem verbreiteten Mißverständnis, die er-

Nichts anderes als dies: Recht tun,
Hos 6^{5} Güte und Treue lieben,
in Ehrfurcht den Weg gehen mit deinem Gott.

Gerichtsrede gegen Jerusalem: 6^{9-16}

9 Horcht! Der Herr ruft der Stadt zu:
[Klug ist es, deinen Namen zu fürchten.]
Hört, ihr Bürger und Räte der Stadt!
10 Kann ich die ungerecht erworbenen Schätze vergessen,
du Haus voller Unrecht,
Am 8^{5} und das geschrumpfte Maß, das verfluchte?
11 Soll ich die gefälschte Waage ungestraft lassen
und den Beutel mit den falschen Gewichten?

6^{9} *jirā'* (Inf.) – *ūmōᶜed hāᶜīr,* vgl. G; M: »er hat es bestimmt«(?).
6^{10} *ha'æššah;* M: »ein Mann«?.
6^{11} *ha'ᵃzakkæh,* vgl. Vg; M: »ich bin rein«.

sten drei Gebote seien »primär«, die sieben anderen (alle auf den Mitmenschen ausgerichtet) seien »sekundär«. Das unauflösbare »Fadenkreuz« (Vertikale und Horizontale, d. h. Gottes- und Nächstenliebe) ist wesensbestimmend für die ideale Bundespartnerschaft des Menschen. Insofern war Jesus, der Christus, der »Bund« selbst (Jes 42^{6} 49^{8}). In ihm hat die Menschheit jenes »Ja« in Person gefunden, das gleichzeitig ein vollendetes »Ja« zu Gott wie zu den Menschen ist. Sein Leben und Sterben war Ganzhingabe an den Vater für die Brüder (Joh 12^{32f}). Zu seinem Vermächtnis an die Kirche gehört darum die radikale Verpflichtung zur Nächstenliebe, die der Gottesliebe gleich ist (vgl. Mt 22^{39}). Daß man der Versuchung widerstehe, zwischen »primär« und »sekundär« zu unterscheiden, stehen Texte wie Mt 5^{23f} 25^{31-46} Joh 13^{1-20} (Fußwaschung) 13^{34f} $15^{12.17}$ in den Evangelien. Die Verkündigung der Apostel bleibt in diesem entscheidenden Punkt nicht hinter der des Herrn zurück: vgl. Röm 13^{8ff} 1 Kor 13^{1-13} (Hoheslied der [Nächsten-]Liebe!) 1 Petr 1^{22} 2^{17} 4^{8} 1 Joh 2^{10} 3^{10-14} $4^{7f.11f}$.

6^{9-16} Die nach vorn und hinten klar abgetrennte Texteinheit ist textlich schlecht überliefert. Sie ist auch den »Formen« nach nicht voll durchsichtig, so daß öfter Textumstellungen gemacht werden. Hier hat ein älterer Text eine redaktionelle Überarbeitung erfahren. ^{9b} ist ein späterer Zusatz, auch ^{14b} mit dem obskuren *jšḥk* (»dein Hunger [?] in deiner Mitte« oder »man wird dich erniedrigen«[?]), das die formale Figuration des Textes stört, und auch ^{16}, der sich als dtr ausweist.

Der Haupttext stellt eine Gerichtsrede im Munde Jahwes dar mit $^{10-12}$ als Anklage und $^{13-15}$ als Strafurteil. Die gleiche Struktur weist ^{16} auf. Mit der Stadt ist jetzt und gewiß auch ursprünglich Jerusalem angesprochen, und zwar die gesamte Bevölkerung. Das Krebsübel ist die schrankenlose Bereicherungssucht, welche von der Fälschung der verbindlichen Maße für Flüssiges und Trockenes über die betrügerische Eichung der Waage und der Gewichte bis zur rücksichts-

12 Ja, die Reichen in der Stadt
kennen nichts als Gewalttat,
ihre Einwohner belügen einander,
jedes Wort, das sie sagen, ist Betrug.
13 Deshalb hole ich aus, um dich zu schlagen
und dich wegen deiner Sünden
in Schrecken zu stürzen.
14 Du wirst essen, doch du wirst nicht satt; Hos 4^{10}
Schwindel wird dich befallen.
Was du beiseite schaffst, rettest du nicht;
was du rettest, übergebe ich dem Schwert.
15 Du wirst säen, aber nicht ernten; Dtn 28^{30-33}
du wirst Oliven pressen,
aber dich mit dem Öl nicht salben;
du wirst Trauben keltern,
aber den Wein nicht trinken.
16 Du hast dich nach Omris Gesetzen gerichtet
und nach all den bösen Taten des Hauses Ahab;
nach ihren Ratschlägen habt ihr gelebt.

6^{13} *haḥillōtī* Übss.; M: »ich habe krank gemacht«.
6^{14} *jaḥšīk* mit Jer 13^{16}; Ps 105^{28}; M: »dein Hunger«(?).
6^{16} *wattišmor* Übss.; M: »er soll sich hüten«. – *jošᵉbæka;* M: »ihre Bewohner«. – *ᶜammīm* G; M: »mein Volk«.

losen Ausbeutung, ja physischen Unterdrückung *(ḥāmās)* der sozial, wirtschaftlich und politisch Schwachen geht (vgl. Am 8^{5f} Jer 5^{27f} Mi 3). Zugleich sind überhaupt Lug und Trug an der Tagesordnung (vgl. Hos 12^{2f} Jer 8^{8} 9^{2f}). Solcher Bundesbruch bringt auf Veranlassung Jahwes den Durchbruch ins Unheil: Verheerung und Verwüstung durch äußere Feinde und Entzug allen Segens im eigenen Lebensbereich (vgl. Am 5^{11} Hos 4^{10}). Das fünffache »Nicht« soll eindrucksvoll den Fluch anzeigen, den Jerusalem auf sich geladen hat. Der dtr eingefärbte Zusatz über die »Wege« der nordisraelitischen Könige Omri (882–871) und Ahab (871–852) will daran erinnern, daß auch der Götzendienst Jerusalems eine Ursache des Untergangs war (vgl. 1 Kön $16^{25f.30ff}$).

Der von der Redaktion übernommene »Grundtext« könnte sehr wohl von Micha stammen (Sonderüberlieferung?). Er ist in jedem Fall vorexilisch anzusetzen. Die exilisch-nachexilische Redaktion hat – den »Rückblick« damit in einen »Vorblick« umgestaltend – den Text durch ^{16} ergänzt.

Unser Text ist ein eindrucksvolles Plädoyer dafür, daß der Jahweglaube bis hinein ins Geschäftsgebaren wirken bzw. sich darin bewähren muß. Insofern wird 6^{8} hier kontrastartig konkretisiert. Darum hat auch die Gesetzgebung Israels genug einschlägige Bestimmungen (vgl. Dtn 25^{13-16} Lev $19^{11.35f}$). Auch die Spruchweisheit nimmt sich vielfältig dieser Thematik an (vgl. Spr 11^{1} 12^{22} 16^{11} 20^{17}u. a.). Auch das NT duldet keine Trennung von Glauben und

Ez 36^{15}; Hos 5^{9}; Zef 2^{15}

Darum mache ich dich zur schauerlichen Wüste
und deine Bewohner zum Gespött.
Ihr müßt es ertragen, daß euch die Völker verhöhnen.

Die Klage des Propheten über sein Volk: 7^{1-7}

7^{1} Weh mir! Es geht mir wie nach der Obsternte,
wie bei der Nachlese im Weinberg:
Keine Traube ist mehr da zum Essen,
keine von den Frühfeigen,
die mein Herz begehrt.

Ps 14^{1-3}; Jer 5^{1}

2 Verschwunden sind die Treuen im Land,
kein Redlicher ist mehr unter den Menschen.
Alle lauern auf Blut,
einer macht Jagd auf den andern.

7^{2b} »mit einem Netz«: ist hinzugefügte Glosse (vgl. Übss.).

Geschäft, siehe 1 Thess 4^{6}, vgl. auch 1 Kor 6^{8ff}. Nach 1 Tim 6^{10} ist die Habsucht die Wurzel aller Übel. Eph 5^{5} bezeichnet Habgierige als Götzendiener. Die apostolische Kirche hat also die Stellungnahmen Jesu gegen den »Mammon« (vgl. Mt 6^{24} Lk 16^{13}) nicht vergessen.

7^{1-7} Der Text ist durch das »Ich« in ^{1} und ^{7}, das den klagenden und letztlich doch auf Gott vertrauenden Propheten bezeichnet, als Einheit gesichert. $^{1-4a}$ ist eine Prophetenklage über die Zustände in seiner Epoche, $^{5-6}$ stellen eine begründete $^{(6)}$ Warnung dar. Doch läßt dieser Tatbestand nicht auf zwei literarische Schichten schließen. Denn wir haben auch bei Jer 9^{1ff} beide Elemente in einem einzigen Redegang, wobei auch die inhaltliche Entsprechung zu Mi 7^{1ff} auffällt.

Der Wehruf (vgl. dieselbe singuläre Form in Ijob 10^{15}) gründet auf einer Feststellung, die dem Gottesspruch Jer 8^{13} ähnelt (vgl. Israel als »traubenloser« Weinberg in Jes 5^{1-7}). Trauben und Feigen versinnbilden die Getreuen *(ḥāsīd)* im Land: Man findet sie nicht (vgl. Jes 57^{1}, auch Ps 12^{2f} und vorab Koh 7^{28f}). Zur Korruption der Beamten und Richter vgl. 3^{2ff} 3^{9-11}. Sie ist so allgemein, daß selbst die Besten noch »Disteln und Dornen« sind, an denen man sich verletzt, und die das Gehen hindern. Der Prophet sieht sich daher zur Warnung $^{(5)}$ veranlaßt, der Jer 9^{3} entspricht (vgl. auch Jer 12^{6}). Die Familienbande, unerläßlich für das Überleben einer Gemeinschaft (vgl. Ex 20^{12} $21^{15.17}$ Dtn 21^{18ff}), sind aufgelöst $^{(6)}$. In dieser schlimmen Situation, an welcher der vereinsamte Prophet so leidet, weiß er nur noch um einen Helfer, Gott selbst. Nach ihm »späht er aus« (vgl. Ps 5^{4}) und »wartet« (vgl. Ps 38^{16} $42^{6.12}$ u. a.) wie Jesaja in 8^{17} auf sein Eingreifen.

Das Anklagethema in $^{2-4}$ ist Micha nicht fremd, doch gibt es laut Jes 57^{1} solche Zustände auch kurz nach der Heimkehr aus dem Exil. Nimmt man den ganzen Text nach Vokabular (*ḥāsīd* nicht vor Jeremia), Redegattung und Inhalt in den Blick, wird man Jeremia die Priorität zusprechen und damit auf einen Verfasser aus seiner Schule schließen müssen. Die Inkorporation in das Michabuch

3 Sie trachten nach bösem Gewinn Jer 4^{22}
und lassen sich's gut gehen:
Die hohen Beamten fordern Geschenke,
die Richter sind für Geld zu haben,
und die Großen entscheiden nach ihrer Habgier –
so verdrehen sie das Recht.
4 Noch der Beste unter ihnen ist wie eine Distel,
der Redlichste ist schlimmer als Dornengestrüpp.
Doch der Tag deiner Bestrafung kommt;
dann werden alle bestürzt sein.
5 Traut eurem Nachbarn nicht,
verlaßt euch nicht auf den Freund!
Hüte deinen Mund vor der Frau in deinen Armen!
6 Denn der Sohn verachtet den Vater, Mt 10^{35f}
die Tochter stellt sich gegen die Mutter,
die Schwiegertochter gegen die Schwiegermutter;
jeder hat die eigenen Hausgenossen zum Feind.
7 Ich aber schaue aus nach dem Herrn,
ich warte voll Vertrauen auf Gott, meinen Retter.
Mein Gott wird mich erhören.

NEUE VERHEISSUNGEN: 7$^{8-20}$

Die Zuversicht Jerusalems: 7$^{8-10}$

8 Freu dich nicht über mich, meine Feindin!
Zwar liege ich am Boden,
doch ich stehe wieder auf.

7^{3} Wörtlich: »Auf dem Bösen sind die Hände, um sich gütlich zu tun« (Ellipse von *leb* = Herz, vgl. Ri 19^{22}). Der ganze Vers ist textlich in einem sehr schlechten Zustand. Der Schluß: »sie drehen« bzw. »verdrehen es« meint dem Kontext nach die willkürliche Rechtsprechung.

7^{4a} *j^{e}šārām m^{e}sūkāh.*

7^{4b} M: »Der Tag deiner Späher, deiner Bestrafung, kommt.« »Späher« (= Propheten) ist spätere Glosse. Wahrscheinlich ist (2. Person Singular) sogar der ganze Versteil eine spätere Einfügung (Gebetsanrede?).

geht auf das Konto der Hauptredaktion des Buches in früh-nachexilischer Zeit.
Unser Autor schließt sich gleichsam Jeremia an, der unter seinem Scheitern so litt und dennoch nicht aufgab. Er gleicht darin dem Gottesknecht der Ebed-Jahwe-Lieder (Deutero-Jes) und wird so zu einem Typus der Geschicke Jesu. Dieser verwendet Mi 7^{6} in Mt 10^{35} und Lk 12^{53} zur Beschreibung der Entscheidungssituation, in welche die Menschen durch ihn gestellt werden.
7$^{8-20}$ wird (seit Gunkel) zumeist als eine prophetische Liturgie gedeutet.

Zwar sitze ich in der Finsternis,
Joh 8^{12} aber der Herr ist mein Licht.
9 Ich habe mich gegen den Herrn versündigt;
deshalb muß ich seinen Zorn ertragen,
bis er meine Sache vertritt
und mir Recht verschafft.
Jes 53^{11} Er wird mich hinausführen ins Licht,
ich werde seine Heilstat erleben.
10 Meine Feindin wird es sehen
und vor Scham vergehen;
denn sie sagte zu mir:
Ps $42^{4.11}$ Wo ist Jahwe, dein Gott?
Und meine Augen werden sich an ihr weiden.
Dann wird sie zertreten wie Gassenkot.

$^{11-13}$ fungiert dabei als prophetische Orakelerteilung. Doch entspricht seine Stellung dann keineswegs dem klassischen Psalmenmodell, wo eine Klage vorausgeht. $^{8-10}$ aber ist ein Vertrauenstext (vgl. z. B. Ps 60^{8-11} nach 60^{7} und 85^{9-14} nach 85^{8}). Man kann das Orakel auch nicht mit der Bitte in 7^{14ff} zusammenbringen. Denn diese folgt erst, und zudem entsprechen sich inhaltlich beide nicht. $^{11-12(13)}$ ist ein mit dem Kontext nicht nur in der Aussage, sondern auch in seiner stringenten Spruchstruktur (strenges Metrum [3 + 3], dreimal *jōm* [= »Tag«, ohne Artikel], drei entsprechende geographische Angaben) kontrastierender Text. Er muß also als Einschub betrachtet werden. Ist dann aber wenigstens $7^{8-10.14-20}$ ein einziges psalmartiges Stück? Dafür gibt es zwar einige Anzeichen, aber wahrscheinlicher ist die Annahme einer nur redaktionellen Einheit.

7^{8-10} ist ein Vertrauenslied (vgl. z. B. Ps 23 27^{1-6}), das Jerusalem bzw. Zion in den Mund gelegt ist. Die »Feindin«, die voller Schadenfreude über Jerusalems Katastrophe ist, wird nicht benannt. Es könnte sich um Edom handeln (vgl. Jes 34 Obd Ez 25^{12ff}), aber auch um Babel selbst, das in Ps 137 neben Edom verflucht wird. Jerusalem hat anders als Nordisrael bei Am 5^{2} die Gewißheit des Wiedererstehens. Es darf Jes 9^{1} für sich in Anspruch nehmen und Ps 112^{4}. In Redlichkeit gesteht Zion seine Schuld ein (vgl. Ps 41^{5} 51^{6} 106^{6}). Es vertraut aber zugleich Prophetenworten wie z. B. Jes 54^{8}. »Hinausführen« (ins Licht) spielt auf den ersten Exodus an, dessen »Heil« Jahwe in Treue zu seiner Bundesverheißung wieder neu schenken wird. ^{10a} erinnert an die Erwartung von Ps 6^{11} 35^{4} 70^{4} 71^{13} u. a. Die höhnische Frage der Feindvölker: »Wo ist Jahwe, dein Gott?« (vgl. Ps 79^{10} 115^{2} Joël 2^{17}) findet in ihrer Übermächtigung durch Jahwe die passende Antwort.

Dieses kleine Vertrauenslied muß in der exilischen Zeit (nah ihrem Ende) in Jerusalem entstanden sein. In der Deutung der Katastrophe stimmt es mit dem dtr Geschichtswerk überein, die Zuversicht schöpft es aus den prophetischen Heilszusagen (vorab Deutero-Jes und Ez). Der Kernsatz »Jahwe ist mein Licht« (vgl. Jes 10 1760^{19}) präludiert die ntl Botschaft von Joh 1^{9} 3^{19} 8^{12} 9^{5} 12^{46} Apg 26^{23} (der Christus) und vorab von 1 Joh 1^{5}. Dieses ist ein großes

Der Wiederaufbau der Stadt: 7^{11-13}

11 Es kommt der Tag,
an dem man deine Mauern wieder aufbaut,
der Tag, an dem deine Grenzen sich weiten.
12 An jenem Tag kommen alle zu dir,
von Assur bis Ägypten
und von Ägypten bis zum Eufrat,
von einem Meer zum andern
und von einem Gebirge zum andern.
13 Die Erde aber wird zur Wüste
wegen (der Sünden) ihrer Bewohner;
so ernten sie die Frucht ihrer Taten.

Das Gebet Jerusalems: 7^{14-20}

14 Führe mit deinem Stab dein Volk auf die Weide, Ez 34^{11-16}
die Schafe, die dein Erbbesitz sind, Ps 95^{7}

7^{12} *w^ecadē māṣōr;* M: »Städte« (*^cārē*). – (*w^ehar*) *mēhar* statt *hā-hār* (vgl. *jām mijjām*).

Vermächtnis an die Kirche und die Gläubigen aller Generationen.

7^{11-13} Das gut gebaute Heilsorakel in $^{10-12}$ wurde anscheinend bei der Übernahme ins Michabuch durch ^{13} ergänzt, um durch die universelle Unheilsansage der vorausgehenden speziellen Heilsansage ein stärkeres eschatologisches Relief zu geben (vgl. Obd ^{16f} Joël 4^{18-20} Sach 14^{10ff}). Die Sehnsucht, das wiedererstandene Jerusalem auch durch eine Mauer gesichert zu sehen, ging um 445 durch Nehemia in Erfüllung (Neh 2–4). Doch gleichzeitig soll nach ^{11} Jerusalems Herrschaftsgebiet groß werden wie ehedem (vgl. Sach 2^{8f}). Im Horizont von ^{12} stehen zuallererst die in der Diaspora von Ägypten bis Mesopotamien (in Mi 5^{4f} Sach 10^{10} Assur genannt), vom Mittelmeer bis zum Persischen Golf, vom Libanon bis zum Sinai lebenden Jahwegläubigen, in zweiter Linie auch die Völkerwelt (vgl. Mi 4^{2} Sach 8^{20f} 14^{16f} Jes 60^{1f} 66^{23} 19^{23}). Denn es ist vielleicht mit Absicht das Verb »kommen« und nicht »zurückkehren« verwendet.

Unser Text ist jedenfalls vor 445 v. Chr. formuliert worden, wahrscheinlich aber bedeutend früher. Er steht auf einer Ebene mit der Ergänzung von 7^{4b} und weist auf ein Milieu, dem auch Jes 60 zugehört; er hat einen offenen Horizont auf ein »neues Israel« hin, das völkerumspannend konzipiert ist, wiewohl dabei noch nicht die universale Höhe von Jes 19^{23} erreicht wird (Israel im Bunde mit Ägypten und Assur). Das Orakel hat innerhalb des Michabuches die Funktion eines relativierenden Kontrapunktes zu Mi 3^{12} (Zerstörung der Stadt und des Tempels). Den »Boden« bzw. Bezugspunkt für solche Heilsworte stellen die Volksklagen nach der Katastrophe (vgl. Klgl) dar.

7^{14-17} sind ein Klagetext, $^{18-20}$ ein Hymnus. Das gleichartige Metrum, die Benennung des Volkes als »Erb-

die einsam lagern in einer Wildnis
Ps 23^{1f} mitten im fruchtbaren Land.
Sie sollen wieder im Baschan und in Gilead weiden
wie in den Tagen der Vorzeit.
15 Wie in den Tagen, als du aus Ägypten auszogst,
laß uns deine Wunder schauen!
16 Die Völker mit all ihrer Macht
sollen sich schämen, wenn sie es sehen.
Sie sollen die Hand auf den Mund legen,
ihre Ohren sollen taub werden.
17 Staub sollen sie fressen wie die Schlange,
wie das Gewürm am Boden.
Zitternd sollen sie herauskommen aus ihren Burgen,
vor den Herrn treten, unseren Gott,
voll Schrecken und Furcht vor dir.

7^{15} *har'enū;* M: »ich lasse schauen« (wohl redaktionelle Änderung).

besitz« *naḥ^{a}lāh)* in ^{14} und ^{18}, der Rückbezug auf »die Tage der Vorzeit« in ^{14} und ^{20} plädieren für eine gemeinsame Verfasserschaft. Die Zusammenfügung von Klage und Hymnus ist zwar nicht »klassisch«, aber den Psalmen auch nicht unbekannt (vgl. Ps 74^{12ff}: Volksklage).

Die eröffnende Bitte $^{(14)}$ erinnert Jahwe an die prophetischen Zusagen, daß er Hirte sein werde (Ez 34 u. a., vgl. Mi 2^{12}). Die Kultversammlung Jerusalems versteht sich dabei als Repräsentant Israels und damit als Jahwes »Erbbesitz« (vgl. Dtn 4^{20} 9^{29} Jes 47^{6}). Man fühlt sich in der Stadt allerdings wie in einer unfruchtbaren Wildnis, abgeschnitten vom »Fruchtgarten« der üppigen Gegenden. Ehemals gehörten der Baschan (im Norden Transjordaniens) und Gilead (beiderseits des Jabbok) dazu (vgl. Dtn $3^{10.13}$ Jos 13^{9-11}). Die Bitte in ^{14b} basiert auf Jer 50^{19}. Wie eine Reihe von Psalmen (vgl. 78^{12f} 105^{27f} 106^{7f}) beschwört ^{15} den Exodus, allerdings unter der Perspektive, die Jahwe selbst an der Spitze des Volkes (Ex 13^{21}) ausziehen sieht (so auch Ps 68^{8}). Wie einst Ägypten sollen jetzt die übermächtigen Nationen die Allmacht Jahwes erfahren, daß »ihnen Hören und Sehen vergeht« (zur Geste vgl. Spr 30^{32}). Das Bild von ^{17a} erinnert an Gen 3^{14} (vgl. Ps 72^{9} Jes 49^{23}). ^{17b} steht Hos 3^{5} und Ps 18^{46} nahe.

Der Hymnus beginnt mit einer in Frageform eingekleideten Preisung der Größe Gottes (vgl. Ex 15^{11} Ps 35^{10} 77^{14} u.a.), die aber hier auf die Größe seiner Vergebung bezogen wird (vgl. Ex 34^{7} Ps $86^{5.15}$ 103^{2f} 130^{4}). Das singuläre Bild von der Zertretung der Schuld durch Gott paßt ausgezeichnet zu der nun folgenden Transposition von Ex $15^{1.5}$ auf die Sünden, die Jahwe ins Meer wirft. Der Schluß nimmt sich aus wie ein Echo auf Jes 41^{8}. Jerusalem verbindet sich hier mit der ganzen Vätergeschichte und sieht sich in der Verheißungslinie von Gen 22^{16} 28^{13f}. Mi 7^{14-20} ist ein Psalm voll von Anspielungen auf andere Psalmen, aber auch auf die Propheten und Geschichtsüberlieferungen. Darum wird er in die frühe Nachexilszeit datiert werden müssen, als die gesammelten schriftlichen Überliefe-

18 Wer ist ein Gott wie du, der du Schuld verzeihst Jer 50 20
und dem Rest deines Erbvolkes
das Unrecht vergibst?
Gott hält nicht für immer fest an seinem Zorn; Ps 105 8
denn er liebt es, gnädig zu sein.
19 Er wird wieder Erbarmen haben mit uns
und unsere Schuld zertreten.
Ja, du wirfst all unsere Sünden
in die Tiefe des Meeres hinab.
20 Du wirst Jakob deine Treue beweisen Gen 22 16–18; 28 13–15
und Abraham deine Huld,
wie du unseren Vätern geschworen hast Ps 105 8f; Lk 1 73
in den Tagen der Vorzeit.

7 19 *ḥaṭṭo'tenū* (Übss.); M: »ihre Sünden«.

rungen als Heilige Schrift zur Hauptbasis für weitere heilige Literatur wurden. Der Psalm konnte bei den liturgischen Lesungen als »Antwortpsalm« der Gemeinde verwendet werden. Er enthält eine bedeutende theologische Fracht, die ihr Hauptgewicht im Abschlußhymnus hat. Die Größe Jahwes leuchtet hier am meisten in seinem Vergebungswillen auf. Er liebt vorab den *ḥæsæd* (EÜ: »er liebt es, gnädig zu sein«), die »Verbundenheit«, d.h. die treue Güte und das Erbarmen. Die bildhafte Erläuterung dazu (Zerbrechen der Schuld, die Versenkung der Sünden im Abgrund des Meeres) muß sich tief in die Seele der den Psalm betenden Generationen eingraben. Hier geschieht ein großer Vorgriff auf die zentrale ntl Botschaft vom Vergebungswillen und von der Vergebungsmacht des Vaters Jesu Christi, wie sie schon Lk 1 76ff ankündigt.

Nahum

EINLEITUNG

Der Prophet und seine Zeit. Von einem Propheten Nahum haben wir keine Nachricht außerhalb seines Büchleins. Die singuläre Namensform bedeutet wohl: »Jahwe tröstet« (= Nehemia). Der in der Überschrift angegebene Geburtsort Elkosch ist sonstwo nicht erwähnt, wird aber in Juda gelegen haben.

Der Hauptadressat der Verkündigung des Nahum ist Ninive ($1^{1.9}$). Diese uralte Stadt (vgl. Gen 10^{11}), die auch Hammurapi unter den großen Städten Mesopotamiens erwähnt, wurde um 700 vom Großkönig Sanherib – er hat 701 Juda von Jerusalem abgetrennt – zur Hauptstadt des assyrischen Imperiums gemacht und entsprechend ausgebaut und befestigt (664 ha). Von hier aus beherrschen die Nachfolger Asarhaddon (681–668) und Assurbanipal (668–631?) ein Weltreich, das zeitweise sogar Ägypten umgreift. In Jerusalem, dem Juda wieder zugeteilt wurde (Datum unbekannt), regierte von 696 bis 642 der König Manasse. Er war Assur zeitlebens sehr ergeben, weit über seine Vasallenpflichten hinaus. Doch müssen sich zu seiner Zeit schon jene Kräfte in Juda geregt haben, die schließlich Joschija (638–609) auf den Schild erhoben, welcher der assurfreundlichen Politik mehr und mehr – Assyrien war nach Assurbanipals Tod in einem raschen Niedergang begriffen – ein Ende machte. Assur war, solange es mächtig war, das grausamste Imperium. Böse, geradezu sadistische Gewalttaten an den unterlegenen Feinden und Deportationen waren unter seinem Regime an der Tagesordnung. Es blieb darum nicht aus, daß sich in allen Vasallenstaaten Haß und Rachegefühle gegen den Unterdrücker anstauten.

Da bei Nahum No-Ammon (Theben) und seine Eroberung durch die Assyrer im Jahre 664 als warnendes Beispiel Ninive vor Augen geführt wird (3^{8}), muß Nahum in der Zeit nach diesem Ereignis aufgetreten sein, wahrscheinlich noch in der Epoche Manasses. Denn die Überschrift nennt seine Botschaft in singulärer Weise »Buch der Visionen«. Das weist darauf hin, daß Nahum – mindestens zu Anfang – im verborgenen wirkte und seine Botschaft nur schriftlich in verläßlichen antiassyrischen Kreisen zirkulieren ließ. Manasse hätte gewiß ein öffentliches Auftreten gegen Assur bestraft. Auch die hochpoetische Formulierung der Botschaft läßt an schriftliche Abfassung denken. Die Veröffentlichung wäre dann spätestens nach Assurbanipals

Tod (631?), vielleicht aber schon nach Manasses Tod (639) erfolgt. Dabei können später noch von Nahum selbst Texte hinzugefügt worden sein (vgl. 3^{16-19}). Jedenfalls ist der Fall Ninives im Jahre 612 der terminus ante quem für die Botschaft des Buches. Denn bestimmte Daten in ihm schließen die in der Forschung gelegentlich geäußerte These aus, es handle sich bei Nahum um eine »Weissagung im Rückblick« (vaticinium ex eventu). Die göttlichen Herausforderungssprüche in 2^{14} und 3^{5} stehen dem entgegen. Auch die Auskunft, es handle sich eben um eine Festliturgie bei einer Jerusalemer Dankfeier nach dem Fall Ninives, läßt sich nicht aufrechterhalten, da in 2 und 3 Jahwe nicht in den Vordergrund tritt, wie es bei einer Festliturgie erforderlich wäre.

Dem Propheten Nahum wird immer wieder »bescheinigt«, daß er ein nationalistischer Heilsprophet und damit, gemessen an den »klassischen« prophetischen Gestalten, ein fragwürdiger Jahweprophet gewesen sei. Vielleicht hat man diesem Anschein von vornherein den Boden dadurch entziehen wollen, daß man später den Psalm 1^{2-8} vor den authentischen Nahumtext setzte. Doch auch ohne diese Preisung Jahwes und seiner Macht in Gericht und Gnade kann man dem Propheten Gerechtigkeit widerfahren lassen. Er hatte ganz manifest den echt prophetischen Auftrag Jahwes, die an Gottes Geschichtslenkung Verzweifelnden, die auch unter Manasse Jahwe treu zu sein versuchten, aufzurichten durch die göttliche Zusage, daß die durch und durch böse Weltmacht, die in Ninive sich eine starke und glänzende und scheinbar unbesiegbare Hauptstadt geschaffen hatte, bald die Vergeltung erfahren werde und von Jahwe dem Untergang geweiht sei. In die Übermittlung dieser Botschaft gab sich Nahum gleichsam mit dem eigenen Herzen und seinen zu seiner Zeit verständlichen Aggressionsgefühlen ganz hinein. So war sein »Last-Spruch« gegen Ninive für ihn persönlich keine Last. Wer wollte darüber zu Gericht sitzen (vgl. Mt 7^{1f})? Auch die prophetischen Gottesboten stehen menschlich nicht immer auf der Höhe der auszurichtenden Gesamtbotschaft vom biblischen Gott. Für den Gläubigen ist das Büchlein Nahum gewiß nicht ohne Gottes Walten in den Kanon der heiligen Bücher gekommen. In der Substanz bezeugt es auf seine Weise, d. h. mit dem Blick auf Ninive, Gal 6^{7}: »Täuscht euch nicht: Gott läßt seiner nicht spotten. Was der Mensch sät, wird er ernten.« Die kontrastierende Botschaft, die im Zwölfprophetenbuch Jona darstellt, wird dadurch keineswegs außer Kraft gesetzt. Im Falle der historischen Größe »Assur« hat der souveräne Gott der Geschichte das Gericht walten lassen und hat damit bezeugt, daß er auch der größten Weltmacht ein Ende zu setzen vermag.

Das Buch Nahum. Dieses Büchlein von drei Kapiteln weist folgende Grob-Gliederung auf:

1^{1} : Überschrift mit Name und Herkunftsort des Propheten und Angabe des Hauptthemas: »Spruch gegen Ninive«.

1^{2-8} : Hymnus auf Jahwes Macht, alphabetisch-akrostichisch (Alef bis Kaf = 1. Hälfte des Alphabets) gestaltet.

1^{9}–2^{3} : Gerichtsworte über den Feind im heilvollen Dialog mit Juda-Jerusalem.

2^{4-14} : Drohwort gegen Ninive (Erstürmung der Stadt) $^{(4-11)}$, spottvolles Klagelied $^{(12-13)}$, Herausforderung: »Nun gehe ich gegen dich vor!«$^{(14)}$.

3^{1-19} : Göttliche Gerichtsrede gegen Ninive mit 1. Drohwort $^{(1-7)}$, 2. Drohwort $^{(8-11)}$, 3. Drohwort $^{(12-17)}$ und abschließendem spottendem Klagelied $^{(18-19)}$.

Die gelegentliche Deutung des Büchleins als Kulttext muß trotz des Eingangspsalms und 2^{1} (»Juda, feiere deine Feste, erfülle deine Gelübde!«) als verfehlt betrachtet werden. Denn der Nahumpsalm ist allen Indizien nach nicht von Nahum, sondern aus exilischer oder frühnachexilischer Zeit. Er kann auch nicht für eine kultische Begehung nach Abschluß des Buches in Anspruch genommen werden, da 2 und 3 keinen Danktext gegenüber Jahwe enthalten. Für diese Kapitel hat Nahum als Autor zu gelten. Daß er 3^{1ff} ursprünglich an Jerusalem gerichtet habe, ist wenig wahrscheinlich. Die schriftliche Hinterlassenschaft des Propheten enthält auffallenderweise kein Schelt- oder Drohwort gegen Israel bzw. Juda-Jerusalem (siehe Abschnitt »Der Prophet und seine Zeit«).

LITERATURHINWEISE

I. Vgl. die Gesamtkommentare zum Zwölfprophetenbuch (dort auch ältere deutsche Kommentarreihen).

II. *Neuere deutsche Kommentare:* siehe die Literatur bei Habakuk und besonders: K. Elliger, Das Buch der zwölf kleinen Propheten II (ATD 25/2), Göttingen ⁷1975. F. Horst, in: Th. H. Robinson – F. Horst, Die zwölf kleinen Propheten (HAT 14), Tübingen ³1964. W. Rudolph, Nahum (KAT XIII 3), Gütersloh 1975 (Literatur!). R. v. Ungern-Sternberg / H. Lamparter: Der Tag des Gerichtes Gottes (Die Botschaft des AT 23/4), Stuttgart 1960, 203–238 (Nahum).

III. *Ausländische Kommentare:* siehe im folgenden die Literatur zu Habakuk.

IV. *Wichtige Monographien und Beiträge:* A. George, Art. Nahum, in: Supplément au Dictionnaire de la Bible 6, Paris 1960, 291–301. C. A. Keller, Die theologische Bewältigung der geschichtlichen Wirklichkeit in der Prophetie Nahums: VT 22 (1972) 399–419. H. Schulz, Das Buch Nahum (BZAW 129), Berlin 1973 (Literatur). S. J. de Vries, The Acrostic of Nahum in the Jerusalem Liturgy: VT 16 (1966) 476–481.

V. Literaturbericht: G. Fohrer: ThR 45 (1980) 216–217.

ÜBERSCHRIFT: 1¹

1¹ Ausspruch über Ninive. Das Buch der Visionen Nahums aus Elkosch.

GOTTES MACHT IN GNADE UND GERICHT: 1²⁻⁸

Dtn 4²⁴ ² Ein eifernder und rächender Gott ist der Herr.
Der Herr übt Rache und ist voll Zorn.
Der Herr übt Rache an seinen Gegnern
und hält fest am Zorn gegen seine Feinde.
Ex 34⁶ᶠ ³ Der Herr ist langmütig und von großer Macht;
doch läßt der Herr gewiß keinen ungestraft.
In Wirbel und Sturm nimmt er seinen Weg,
die Wolken sind der Staub seiner Füße.

1¹ Das Büchlein hat eine doppelte Überschrift. »Ausspruch« meint »Ausspruch Jahwes« (vgl. Sach 9¹ 12¹). Er richtet sich hier als »Lastspruch« (Vg: onus) gegen die Stadt Ninive. »Vision« meint nach Jes 1¹ eine göttliche Offenbarung, die das »Schauen« und »Hören« der Propheten in Anspruch nimmt. Zu Ninive, Nahum, Elkosch siehe die Einleitung.

1²⁻⁸ bilden einen alphabetisch-akrostichischen Hymnus, bei dem allerdings nur die erste Hälfte des hebräischen Alphabets benützt ist. Er hat weder Ein- noch Ausleitung im Aufforderungsstil, sondern stellt nur das Korpus eines Hymnus dar (mit Partizipien und mit finiten Verben in Perfekt und Imperfekt). Der ursprüngliche Psalm ist nachträglich durch ²ᵇ und ³ᵃ offensichtlich erweitert worden. Er hat folgende konzentrische Struktur: Aussagen über Jahwe ⁽¹⁻³ᵃ⁾ – Gerichtstheophanie ⁽³ᵇ⁻⁶⁾ (mit kosmischer und geschichtlicher Auswirkung) – Aussagen über Jahwes Verhalten in Güte und Gericht ⁽⁷⁻⁸⁾. Der Psalm stammt nicht vom Propheten, der in 1⁹–3¹⁹ spricht, sondern – der Sprache, der Motivverknüpfung (vgl. das »Zusammen« von Kosmos und Geschichte bei Deutero-Jes) und der eschatologischen Aura der Theophanie nach – erst aus nachexilischer Zeit. In der Schlußredaktion übernahm dieser Jahwe-Hymnus die Funktion eines die Gerichtsaussagen Nahums präludierenden Lobpreises, der das Gericht an Ninive zugleich als »Vorspiel« endzeitlicher Ereignisse erscheinen lassen sollte.

²⁻³ᵃ stellen Jahwe als den für eine gerechte Weltordnung engagierten Gott dar, der eine Verletzung seiner universalen Rechtsordnungen nicht hinnimmt, vgl. Am 1³–2¹⁶ Jes 10⁵⁻³⁴ (Jahwes Gericht über sein eigenes Gerichtswerkzeug Assur). Dies wird in sprachlichem Anschluß an Jos 24¹⁹ (*'el- qannō'*, nur hier), Ps 99⁸ (*noqem*), Jer, Ez und Trito-Jes (*ḥemāh*) formuliert. Die »Langmut« ⁽³ᵃ⁾ zieht hier nicht wie in Ex 34⁶ die Begnadigung nach sich, sondern besteht im Sammeln der Kraft für den großen Gerichtsschlag, der nichts Böses ungestraft läßt (vgl. Num 14¹⁸). Die universale Gerichtstheophanie, im Anschluß an Jes 29⁶ geschildert, gewinnt kosmische und universale Ausmaße wie in Jes 17¹²⁻¹⁴ (später Text) und besonders 66¹⁵ᶠᶠ. Die Deutung der Wolken als »Staub der Füße Jah-

4 Er droht dem Meer und macht es trocken, Ex 14f; Ps 106^{9};
alle Flüsse läßt er versiegen. Jes 50^{2}; 51^{10}
Welk sind Baschan und Karmel,
auch die Blüten des Libanon sind verwelkt.
5 Berge beben vor ihm, Ps 68^{9}; 97^{4f};
und Hügel geraten ins Wanken. Jer 4^{24}
Die Welt schreit vor ihm auf,
die Erde und all ihre Bewohner.
6 Vor seinem Groll – wer kann da bestehen?
Wer hält stand in der Glut seines Zorns?
Sein Grimm greift um sich wie Feuer,
und die Felsen bersten vor ihm.
7 Gut ist der Herr,
eine feste Burg am Tag der Not.
Er kennt alle, die Schutz suchen bei ihm.
8 Doch in reißender Flut
macht er seinen Gegnern ein Ende,
und Finsternis verfolgt seine Feinde.

1^{4} *dā^{c}ab* (für das 1. *'umlal*).
1^{5b} *tiśśā'* ist doppeldeutig: entweder »sie erhebt sich« (Erdbeben) oder »sie erhebt die Stimme« (Ellipse), was besser zu »Bewohner« paßt.
1^{6} *za^{c}mō l^{e}fānāw* (Umstellung!).
1^{8b} *b^{e}qāmāw*, vgl. G; M: »ihr Ort«.

wes« ist originell, will aber wohl mit dem seltenen Wort *'ābāq* (= »Feinstaub«) auf Jes 29^{5} (die Belagerer Jerusalems werden wie Staub) und Ex 9^{9} (P, Giftstaub für die Ägypter) verweisen. Nach ^{4} ist der Sturm der östliche Wüstenwind, der nach Ex 14^{21} das Schilfmeer austrocknen ließ und die Vegetation auch in den fruchtbarsten Gebieten schwer zu schädigen vermag (vgl. Ez 17^{10} 19^{12}). Vom Beben der Berge sprechen Jer 4^{24} und Ps 46^{3f}. Nach Jes 13^{13} 24^{18} (beide nachexilisch) Ez 38^{19} ist die endzeitliche Gerichtstheophanie durch Erdbeben gekennzeichnet. ^{6} scheint durch Berichte über Vulkanausbrüche gespeist zu sein. Vom »Zornesfeuer« reden auch Ps 79^{5} 83^{15} 89^{47} Jes 26^{11} 30^{27} 65^{5}, vom Zerschmelzen der Felsen Jdt 16^{15}. Daß Jerusalem im Völkergericht Jahwe als rettende Fluchtburg erfährt, ist prophetisches Thema von Jes 25^{4} und Joël 4^{16}. Das Bild von der »reißenden Flut« (spätes Vokabular) taucht bei Dan (vgl. 9^{26} 11$^{10.22.40}$) auf. Die Wendung »ein Ende machen« kommt vorexilisch nur in Zef 1^{18} vor und ist charakteristisch für Jer und Ez. Vielleicht ist der Psalmschluß auch von 1^{9ff} (vgl. die Stichworte »Not« und »ein Ende machen«) her inspiriert.
Unser Psalm wird wegen des Bekenntnisses zur »Rache« Jahwes oft als anstößig empfunden. Doch muß man in Rechnung stellen, was Assur, die grausamste Kriegsmacht des Alten Orients, Israel über ein Jh. lang angetan hat (Vernichtung des Nordreiches 722, Wegnahme Judas 701, Unterjochung des Südreiches während des 7. Jh. mit der Oktroyierung

DAS GERICHT ÜBER NINIVE: 1^9–3^{19}

Ninives vergebliche Auflehnung gegen Gott: 1^9–2^1

9 Was plant ihr gegen den Herrn?
Er macht doch ein Ende.
Es soll nicht wieder Not aufkommen.
10 Wie dichtes Dornengestrüpp
und wie wirres Windengerank werden sie verbrannt,
wie dürre Spreu; nichts bleibt übrig.
11 Von dir stammt der Mann,
der Böses plant gegen den Herrn,
der Übles im Schild führt.

1^{10} *k^e ja^c ar;* M: »denn bis ...«. – *k^e sikkīm s^e bukīm* (vgl. G).

des Gott-Assur-Kultes). »Rache« wird hier verstanden als strafende Wiederherstellung der gottgewollten Rechtsordnung in der Völkerwelt. Zumindest das »Zorngericht Gottes« ist auch dem NT nicht fremd: vgl. Joh 3^{36} Röm 1^{18} 12^{19} Hebr 10^{30} Offb 14^{19} $15^{1.7}$ 16^1.

1^9–$2^{1(3)}$ Der Text ist z. T. schlecht überliefert und gibt auch formkritisch einige Rätsel auf. Wahrscheinlich ist der Hauptadressat Juda-Jerusalem (vgl. $1^{9b.12b}$ 2^1), während in 2^{2ff} dann Ninive (ohne Namensnennung) angeredet wird. Da 2^3 aber die Textfolge stört, ist der Vers am ehesten noch mit 2^1 zusammenzustellen, auch wenn er von Jakob-Israel in der 3. Person spricht. Ist 1^{11} König Manasse gemeint, der dann in 1^{14} direkt angesprochen wird, oder der Assyrerkönig? Im letzteren Falle (probabler) ist in 1^{11} Ninive angeredet und in 1^{14} der König von Assur, was allerdings einen entsprechenden prophetischen Gestus (lauter Ruf in Richtung Ninive) voraussetzt. Unser Text soll wohl eine verheißende Trostrede an Juda-Jerusalem darstellen, in der die Vergeblichkeit der Auflehnung Ninives gegen Jahwes Geschichtsplan demonstriert wird.

In [9] wird vorausgesetzt, daß in Juda-Jerusalem Verzweiflung herrscht über Jahwes Duldung der assyrischen Bedrückung. Dem käme die Übersetzung näher: »Was macht ihr euch für Gedanken über Jahwe?« Freilich mögen darunter auch jahwefeindliche Gedanken gewesen sein. »Jahwe macht ein Ende« (so auch die Ankündigung des »Tages Jahwes« in Zef 1^{18}) verheißt zunächst die Vernichtung der assyrischen Weltmacht. Nicht noch einmal soll Juda-Jerusalem durch sie vor der Vernichtung stehen wie im Jahre 701 und die seitherige Bedrückung sich wiederholen. Es soll den Bedrückern wie dem Feuerungsmaterial, das auf den Feldern gesammelt wird, ergehen (vgl. Jes 33^{12}). [11] ist wohl auf den gegenwärtig regierenden Großkönig von Assur gemünzt. Auch das machtvollste Aufgebot hilft ihm nichts: Es ergeht seinem Heer wie dem Gras, das abgeschnitten wird [(12)]. In lebhaftem Stil wird Juda-Jerusalem selbst von Jahwe angesprochen [(12b)] und eine erneute Demütigung durch die Zulassung der Gewalttätigkeit Assurs verneint. Diese wird vielmehr gebrochen [(13)]. [14] nimmt der assyrischen Dynastie

12 So spricht der Herr:
Auch wenn sie unversehrt sind und zahlreich,
sie werden abgeschnitten, sie gehen vorüber.
Habe ich dich auch gedemütigt,
ich werde dich nicht mehr demütigen.
13 Ja, jetzt zerbreche ich sein Joch, Jes 9^{3}
das auf dir lastet,
und deine Fesseln werde ich sprengen.
14 Der Herr hat über dich bestimmt:
Von dir soll es keinen Nachkommen mehr geben.
Aus dem Haus deines Gottes
reiße ich Götze und Gußbild.
Ich schaufle dein Grab;
denn du bist verächtlich geworden.
2^{1} Seht auf den Bergen die Schritte des Freudenboten! Jes 40^{9}; 52^{7-10}
Er verkündet Frieden!
Juda, feiere deine Feste,
erfülle deine Gelübde!
Denn der Unheilstifter
durchstreift dein Land nicht mehr;
er ist völlig vernichtet.

Die Zerstörung der Stadt: 2^{2-14}

2 Ein Mann zieht hinauf gegen dich,
der dich zerschmettern wird.

1^{12} *w*^{ec}*āb*^{e}*rū.*

alle Hoffnung auf Dauer und sagt zugleich den Untergang der Israel aufoktroyierten Staatsreligion Assurs an. In 2^{1} wird wieder Juda-Jerusalem angesprochen mit einem Verheißungswort, das auch in Jes 52^{7a} begegnet. Schon jetzt wird Juda zur fälligen Dankfeier für die Vernichtung des Tyrannen aufgerufen. In 2^{3} ist die Verheißung eines Groß-Israel angefügt (vgl. Ez 37^{16f} Sach 10^{6}).
Die Authentizität des schwer deutbaren Textes bleibt zweifelhaft, für 2^{3} scheint sie sogar ausgeschlossen. Doch kann man mit einigen Gründen ein zugrunde liegendes Trostwort Nahums (als Substrat des jetzigen Textes) annehmen. In diesem Falle hat der Prophet die Vollmacht bekommen, der unter der langen Assyrerherrschaft leidenden und oft verzweifelnden Jahwegemeinde wohl noch zur Zeit des assurfreundlichen Königs Manasse (696–642) zu bezeugen, daß der Bundesgott trotz lang dauernder Notzeit seinem Volk nahe bleibt und diese Nähe in einer großen Wende erfahrbar machen wird. Diese Thematik wird im NT – unter Einbeziehung des Christus-Ereignisses – hauptsächlich von Mk 13 und der Apokalypse entfaltet.
2^{2-14} bilden (außer ^{3}) eine Einheit. Vielleicht stand die zweite Überschrift »Buch der Vision(en) ...« (1^{1}) über 2 und 3. $^{2-11}$ ist eine hochpoeti-

Halt Wache!
Beobachte die Wege!
Mach deine Hüften stark!
Rüste dich mit Macht und Kraft!
3 Wahrhaftig, der Herr
stellt die Pracht Jakobs wieder her
wie die Pracht Israels;
denn Verwüster haben sie verwüstet
und ihre jungen Pflanzen vernichtet.
4 Rot leuchtet der Schild seiner Helden.
Seine Krieger sind in Scharlach gekleidet.
Wie funkelnder Stahl glänzen die Wagen
am Tag, an dem er sie aufbietet,
und die Speere wiegen sich.
5 Durch die Gassen rasen die Kriegswagen,
sie stürmen über die Plätze.
Ihr Anblick gleicht Fackeln,
wie Blitze jagen sie daher.
6 Er denkt an seine Mächtigen;
sie aber straucheln beim Ansturm.
Sie eilen zur Stadtmauer;
doch unbeweglich steht die Sperre.
7 Die Flußtore sind geöffnet,
schon wankt der Palast.
8 Die Königin wird zur Schau gestellt,
wird entblößt, wird weggeführt;
ihre Mägde jammern wie gurrende Tauben
und schlagen sich an die Brust.

2^{8} *habba*^{ca}*lāh* oder *hā*^{ca}*tallāh* (= »die Erhabene«); M: »hinaufgebracht ist«.

sche Visionsschilderung des Propheten. Ihr ist in $^{12.13}$ ein Spottlied (mit Begründung) angeschlossen. Den Schluß $^{(14)}$ bildet ein Gerichtsorakel (mit Herausforderungsformel und Botenformel in ^{14a}). Die drei Teile (zwei Prophetenworte und ein Gotteswort) bilden eine literarische Einheit, da Stichwortverbindungen die Abschnitte verklammern. Adressat ist Ninive, das in ^{9} direkt genannt wird. $^{2-5}$ ist auf die Belagerer zentriert, $^{6-11}$ auf die Belagerten.
Der Prophet sieht den Angreifer mit seinem Heer anmarschieren. Ironisch fordert er Ninive auf, alle Kraft für die Verteidigung einzusetzen. Schon stürmen die Kriegswagen heran, die in der Sonne funkeln wie Fackeln und Blitze. Der Überraschungsangriff läßt »den Mächtigen an seine Mächtigen denken« (so vielleicht der Urtext) und Alarm auslösen. Es klappt schon beim Hinstürmen zur Mauer nicht. Schließlich dort angelangt, müssen die Verteidiger feststellen: Der Belagerungsring ist geschlossen, und die Schutzdächer der Angreifer sind bereits in Stellung. Die Tore zum Tigris hin

9 Ninive ist wie ein voller Teich,
dessen Wasser davonfließt.
Halt! Halt! (ruft man),
doch keiner wendet sich um.
10 Plündert das Silber, plündert das Gold!
Kostbarkeiten ohne Ende!
Welche Pracht aller Art
an bezaubernden Schätzen!
11 Alles leer, entleert, verheert;
das Herz verzagt.
Es wanken die Knie,
ein Zittern in allen Hüften,
alle Gesichter glühen rot.
12 Wo ist jetzt das Versteck der Löwen,
der Tummelplatz der jungen Löwen,
wohin der Löwe geht, um sich zu verbergen,
wo der junge Löwe bleibt,
ohne daß jemand ihn aufschreckt?
13 Reichen Raub machte der Löwe für seine Jungen.
Er würgte für seine Löwinnen.
Mit Raub füllte er seine Höhlen,
seine Verstecke mit Raubgut.

2^9 *mēmæhā* für das unverständliche *mīmē hī'*.
2^{12} *lābō'* (Qumran); M: »Löwin« *lāḇī'*).

werden aufgebrochen, und den Angreifern fällt der Königspalast in die Hand. Ist der König schon tot? Die Königin (ein Sinnbild zugleich für die Stadt?) samt ihrem weiblichen Hofstaat muß in Schimpf und Schande in die Gefangenschaft ziehen. Die am Leben gebliebene Bevölkerung Ninives versucht eine kopflose Flucht. Die große Plünderung der reichen Königsstadt durch die Sieger, die einander aufmunternd zuschreien, beginnt. Verwüstung und Verödung besiegeln das Los Ninives. Dies wird dem Propheten Anlaß zu einem spöttischen Leichenlied (12), vgl. Jer 13^{20ff} Ez $32^{2ff.18ff}$ u. a. Darin wird Ninive vorgestellt als mit Raub gefüllte Löwenhöhle, mit der es nun aus ist. Die Großkönige von Assur verglichen sich selbst manchmal mit dem in assyrischen Darstellungen oft erscheinenden Löwen (z. B. Asarhaddon: »wie ein Löwe wüte ich«).

Der Gottesspruch (14) besiegelt den Untergang der imperialen Macht (versinnbildet in den Wagenregimentern und den »jungen Löwen«, d. h. den Kriegern). Keine assyrischen Königsboten werden dann den Alten Orient mehr tyrannisieren.

In unserem Text hat Nahum selbst das Wort. Er erweist sich dabei als wortgewaltiger Dichter.

Das »Leichenlied«, das von den Propheten öfter im Vorblick auf das Kommende angestimmt wurde (vgl. z. B. Am 5^2 Jes 47^{1ff}), und vorab der Gottesspruch plädieren dafür, daß

3^{5} 14 Nun gehe ich gegen dich vor
– Spruch des Herrn der Heere.
Ich lasse deine Wagen in Rauch aufgehen,
deine jungen Löwen frißt das Schwert.
Ich mache deinem Rauben auf der Erde ein Ende,
nie mehr hört man den Ruf deiner Boten.

Weheruf und Klage: 3^{1-7}

3^{1} Weh der Stadt voll Blutschuld;
sie ist nichts als Lüge.
Voll von Raffgier ist sie,
vom Rauben läßt sie nicht ab.
2 Knallen von Peitschen
und Gedröhn rasselnder Räder,
rennende Pferde und holpernde Wagen.
3 Hetzende Reiter, flammende Schwerter,
blitzende Lanzen,
eine Menge Erschlagener,
eine Masse von Toten,
kein Ende der Leichen,
man stolpert über die Leiber.
Offb 17 4 Und all das wegen der zahllosen Buhlschaften
der Buhlerin, die von Anmut strahlte,
die in Zauberkünsten Meisterin war;

2^{14} *rikbek,* vgl. G; M: »ihre Wagen«; Qumran: »deine Menge«. – *mal'ākajik;* M: ungewöhnliches Suffix.
3^{3} *bagg^{e}wijjōt;* M: »ihre Leichen«.

wir es hier nicht mit einem Rückblick auf den Fall Ninives (612 v. Chr.) zu tun haben, sondern mit dessen Ankündigung. Die Veröffentlichung war möglich nach dem Tod Assurbanipals (631?), in dessen letzter Regierungszeit das Reich bereits Brüche und Risse aufwies. Daß Nahum den Text als Libretto für eine Liturgie gedichtet habe, ist eine Behauptung, die angesichts des dominanten Schilderungscharakters des Liedes (Nennung Jahwes erst am Schluß, kein »Dialog« mit Jahwe) alle Wahrscheinlichkeit gegen sich hat. Theologisch erfüllt der Text die Funktion, den Resignierten und Zweiflern zu bezeugen: Die Allmacht Gottes wird am Ende auch die stärkste Weltmacht übermächtigen (vgl. Jes $40^{10.15}$ 51^{9ff} 27^{1} 1 Chr 29^{10f} 1 Kor $15^{24.28}$ Offb 7^{11f} 19^{1f}).

3^{1-7} stellt eine gut abgegrenzte Texteinheit dar. Sie beginnt mit einem prophetischen Weheruf, der immer einen Unheilsspruch eröffnet, aber zugleich die Begründung dafür enthält. Die auf die Anklage $^{(1)}$ fällige Strafansage wird hier in eine Schlacht-Schilderung von großer poetischer Kraft eingekleidet $^{(2-3)}$. In ^{4} erfolgt eine neue Anklage (auch

Völker verkaufte sie durch ihr Buhlen,
Stämme durch ihre Zauberei.
5 Nun gehe ich gegen dich vor 2[14]
– Spruch des Herrn der Heere.
Deine Schleppe hebe ich auf Jer 13[22–26]
bis über dein Gesicht
und lasse die Völker deine Blöße sehen;
die Königreiche sehen deine Schande.
6 Mit Kot bewerfe ich dich, gebe dich der Verachtung preis
und mache dich zum Schaustück.
7 Dann wird es geschehen: Wer immer dich sieht,
schreckt vor dir zurück und sagt:
Verwüstet ist Ninive. Wer zeigt ihr Teilnahme?
Wo soll ich dir einen Tröster suchen?

Prophetenwort), die in [5–6] mit einem Strafurteil Gottes (Gottesspruch) beantwortet wird. Eine spöttische »Leichenklage« (durch *w^e-hājāh* eingeleitet), welche der Prophet den Augenzeugen der Katastrophe in den Mund legt (dabei ist expressis verbis Ninive genannt), beschließt den jetzigen Text. Daß dieser Schluß von Anfang an zur Einheit gehörte, ist nicht gesichert. Doch läßt sich auch nicht verifizieren, daß hier ein ursprünglich gegen Jerusalem (in Ez 24[6.9] = »Stadt der Blutschuld«) gerichteter Text Nahums später auf Ninive übertragen wurde. Die Gesamtschilderung der Stadt spricht eher dagegen. 3[1–6] lassen sich auf jeden Fall als eine im Steigerungsverfahren gestaltete literarische Einheit verstehen. [7] könnte Zusatz sein, der aber mit der Nennung Ninives im Recht ist.

Wenn eine Stadt im Alten Orient den Titel »Stadt der Blutschuld« verdient, dann ist es die Hauptstadt der assyrischen Weltmacht, die ihr Imperium mit blutigen Eroberungszügen (blutig manchmal bis zum Sadismus) aufgebaut hatte und eisern im Griff hielt. Um den eigenen Blutzoll dabei in Grenzen zu halten, griff man auch zum diplomatischen Ränkespiel voller Täuschung und Lüge (vgl. z. B. 2 Kön 18[28–36]). Die Tributleistungen, die nach Ninive zu bringen waren, erreichten oft horrende Maße. Nun aber fällt alles Böse auf Assur zurück. Das Land wird im Gegenangriff vom Feind eingenommen. Dies wird in [2–3] mit poetischer Meisterschaft (voraus-)vergegenwärtigt (vgl. den Kontrast: Dynamik des »Blitzkrieges« – Totenstille auf dem Schlachtfeld nach dem Kampf). In [4] wird die Anklage »Lüge« erneut aufgegriffen und im Bild von der »Dirne« entfaltet. Assur schöpfte gleisnerisch und ränkevoll alle Mittel der Diplomatie aus (insbesondere nach dem Absinken seiner militärischen Macht), um andere Völker sich hörig zu machen oder in Hörigkeit zu halten. Sein Schalten und Walten auf dem Schachbrett der Geschichte erschien wie »Hexerei einer Zauberin«. Was Hos 2[12] dem dirnenhaften und ehebrecherischen Israel androhte, wird hier (auch in einem Gottesspruch) nun Ninive als Strafe angesagt (vgl. Jer 13[26] Ez 16[37]). So wird das verwüstete Ninive zum »Schaustück« werden. Alle »Beschauer« kehren ihm mitleidslos den Rücken [(7)], vgl. Klgl 1[2.9].

Unser Text ist in der Thematik 2[4–14]

Spott über Ninive: 3^{8-19}

Jer 46^{25} 8 Bist du denn besser als No-Amon,
das an Strömen lag,
von Wasser rings umgeben,
dessen Schutzwall ein Meer,
dessen Mauern die Wasser waren?
9 Kusch war mächtig,
und Ägypten kannte keine Grenze.
Jer 46^{9}; Ez 30^{5} Put und die Libyer zählten zu seinen Helfern.
10 Doch auch No-Amon mußte in die Verbannung,
zog in die Gefangenschaft.
Ps 137^{9}; Hos 10^{14} Auch seine Kinder wurden zerschmettert
an den Ecken aller Gassen,
Joël 4^{3} und über seine Vornehmen warf man das Los.
Alle seine Großen wurden in Fesseln gelegt.
11 Auch du wirst betrunken, wirst ohnmächtig sein.
Auch du wirst Schutz suchen vor dem Feind.

3^{8} *ḥēlāh* (vgl. Übss); M: »Schutzwall« (ohne Suffix). – *majim* = Vg; M: »vom Meer«.

verwandt. Er gehört offensichtlich auch in die gleiche Epoche. Für die Autorschaft Nahums plädieren insbesondere $^{2-3}$. Wiederum ist der Prophet hier kein distanzierter Berichterstatter über den kommenden Fall Assurs, sondern ergreift in spürbarer Emotionalität Partei für das geschundene Jahwevolk und spricht ihm – seinem Personennamen getreu – Trost zu und die Gewißheit, daß auch große Imperien Jahwe gegenüber nichtig sind, vgl. Jes 40^{15}. Diese Botschaft gilt für alle Epochen des Gottesvolkes, vorab für die Zeiten seiner Ohnmacht angesichts der Macht feindlicher Imperien.

3^{8-19} bilden offensichtlich eine nur literarische Einheit, die durch die gemeinsame Gattung »Propheten-Spottrede« und durch die gemeinsame Thematik vom unabänderlichen Untergang Assurs ermöglicht wird. Als Unterabschnitte lassen sich erkennen: 3^{8-11} Vergleich mit No-Ammon, 3^{12-17} der Weg des Verhängnisses von den Grenzen zur Hauptstadt, 3^{18-19} ironischer Klage-Spruch, direkt an den König von Assur gerichtet.

3^{8-11} No-Ammon (= Karnak und Luxor, in Ilias IX 383 »das hunderttorige Theben« genannt) war während des Neuen Reiches die Hauptstadt Ägyptens. Ab 712 wurde die Dynastie von den Äthiopiern (= Kuschiter) gestellt. 664 wird die Stadt von Assurbanipal erobert und den Flammen übergeben. Ihre Lage am Nil (arabisch »Meer« genannt) wird von Nahum in übertreibender Darstellung vergegenwärtigt. No-Ammons gewaltiger Herrschaftsbereich von Kusch (Äthiopien) bis Put (nicht identifiziert) und Libyen konnte seinen Untergang nicht verhindern. Dieses Ereignis schrieb sich offenbar ins Gedächtnis der Nachwelt ein (vgl. Jer 46^{25} Ez 30^{14}). Ninive, so fordert Nahum die Stadt

12 All deine Festungen sind Bäume mit frühen Feigen:
Schüttelt man sie, dann fallen sie
dem, der sie essen will, in den Mund.
13 Die Krieger in deiner Mitte – Weiber sind sie. Jes 19[16]; Jer 51[30]
Weit stehen deinen Feinden
die Tore deines Landes offen;
Feuer frißt deine Riegel.
14 Schöpf dir Wasser für die Belagerung,
mach fest deine Festungen!
Tritt in den Lehm, stampfe den Ton,
halte die Ziegelform fest!
15 Dann wird das Feuer dich fressen,
wird das Schwert dich vertilgen,
wird dich fressen wie ein Heuschreckenschwarm.
Werde zahlreich wie die Heuschrecken,
zahlreich wie die Wanderheuschrecken!

auf, soll im Blick auf No-Ammons Los ja nicht glauben, daß es besser und darum besser daran sei.

3^{12-17} kann im jetzigen Zusammenhang als konkretisierende Explikation von $^{8-11}$ verstanden werden. Das Wort »trunken sein« erinnert an die Vorstellung vom »Zornesbecher Jahwes« (vgl. Jer 25^{15-29}). Der Betrunkene ist seiner nicht mehr mächtig und bedarf der Stützung. Vor seinem Ende suchte Assur sogar noch die Bundesgenossenschaft Ägyptens. In diesem Schwächezustand fallen dem Feind zuerst die Grenzfestungen in die Hände, »fallen wie Frühfeigen dem den Baum schüttelnden Esser in den Mund«. Die Verteidiger haben keinen Widerstandswillen und sind wie »zitternde Weiber« (vgl. Jes 19^{16} Jer 51^{30}). So wird der Weg zur Hauptstadt frei, nachdem die »Riegel«, d. h. die befestigten Grenzstädte, gefallen sind. Jetzt muß Ninive an seine eigene Verteidigung denken, d. h. die Trinkwasserversorgung sichern, die Wälle und Mauern (mit Ziegelsteinen) ausbessern. Dies alles kann das Geschick nicht wenden, das in ^{15} angesagt wird: »Feuer und Schwert« (die Erwähnung der Heuschrecken in ^{15c} scheint Glosse zu sein). Die ironische Aufforderung, sich zu mehren wie die Heuschrecken (vgl. Ri 6^{5} Jer 46^{23}), führt zur Feststellung, daß nicht nur die Krieger, sondern in ihrem Gefolge auch die Krämer (mit ihrem Händlermonopol) ausgeschwärmt sind in die halbe Welt, aber nun davonfliegen wie Heuschrecken nach der Häutung. Ihrem Beispiel folgen die Verwaltungsbeamten und Schreiber: Sie ahmen die Heuschrecken nach, die sich vor der erstarrenden Kälte der Nacht im Gemäuer bergen und bei der ersten Sonnenwärme in die Weite fliegen und nicht mehr gesehen werden.

3^{18-19} Der König von Assur (nur hier so angeredet) ist noch am Leben, aber seine »Hirten« (Befehlshaber) und seine »Helden« (Elitekrieger) sind schon tot (»schlummern« ist Euphemismus für den Tod: vgl. Jer $51^{39.57}$ Ps 76^{6}), und das Volk verläuft sich wie eine Herde ohne Hirten. Alles ist in Auflösung. Darum ist auch das Schicksal des Königs besiegelt. Man stimmt über ihn ein spot-

16 Du hast deine Händler zahlreicher gemacht
als die Sterne am Himmel.
Die Heuschrecken häuten sich
und fliegen davon.
17 Deine Wächter sind wie Wanderheuschrecken,
deine Beamten wie ein Schwarm von Heuschrecken,
die sich an den Mauern lagern an einem kalten Tag.
Geht die Sonne auf,
so fliehen sie eilig davon.
Man kennt ihren Ort nicht –
wo sind sie hin?
18 Deine Hirten schlummern, König von Assur;
deine Mächtigen ruhen.
Dein Volk ist über die Berge zerstreut,
und keiner sammelt es.
19 Keine Linderung gibt es für deinen Zusammenbruch,
unheilbar ist deine Wunde.
Jeder, der hört, was man von dir erzählt,
klatscht über dich in die Hände.
Denn wen traf nicht
deine Schlechtigkeit zu jeder Zeit?

tendes Triumphlied (vgl. 3^7) an. Denn aller Welt ist von Assur über eine lange Epoche hin (in Palästina von 734 bis 612) nur Böses widerfahren.

Für 3^{8-17} ist die Autorschaft Nahums gesichert. Auch 3^{18-19} kann ihm nicht mit durchschlagenden Gründen abgesprochen werden. Gerade die abschließende Spottrede plädiert für Authentizität. Manche Kommentatoren vermuten, daß auch im Schlußtext ursprünglich Ninive angeredet war und erst in der Schlußredaktion der »König von Assur« Adressat wurde. Das ist möglich, ist aber nicht zu sichern. Der Text paßt gut auf Assuruballit, den letzten König von Assur (Flucht nach Haran, das 610 eingenommen wurde).

Wiederum erweist sich Nahum in 3^{8-19}, vorab aber in 3^{11-17} als Dichter-Prophet von hohen Graden. Den »Atem« dazu gab ihm zweifellos sein eigenes vitales Engagement für sein Volk und sein abgrundtiefer Abscheu vor der assyrischen Weltmacht, die bereits 722/21 dem Nordreich den Garaus für immer gemacht hatte und seit 701 Jerusalem-Juda in erdrückender Botmäßigkeit hielt. Ist der leidenschaftliche Nahum aber nicht zuviel nationalistischer Patriot und zuwenig Jahwes Prophet? Da er nicht nur die Bedrükkung seines eigenen Volkes sieht, sondern Assurs Bosheit im Weltmaßstab, ist diese imperiale Macht für ihn ein schlimmer Störfaktor in Gottes Weltordnung und gerade dadurch eine Todfeindin Jahwes. Der Apokalyptiker des NT hat sich darum nicht gescheut, auch der Nahum-Botschaft Echo zu geben (Offb 9^{21} 17^2 18^{23}) und insbesondere bei der Beschreibung der »Hure Babylon« (Kap. 17) Maß zu nehmen an der Schilderung Ninives durch unseren Propheten.

Habakuk

EINLEITUNG

Der Prophet Habakuk und seine Zeit. Außer der Überschrift (1^{1}) erwähnt nur noch der Midrasch von Dan 14^{23-42} (Daniel und der Drache) einen judäischen Propheten Habakuk (zur Perserzeit!, vgl. 14^{33ff}), was aber nicht als historische Angabe gewertet werden kann. 1^{1} gibt auch keine Zeit an, sondern setzt dem singulären Namen (G: Ambakum!) nur noch den Titel »Prophet« *(nābī')* hinzu und nennt seine Botschaft *maśśā'*, was auf einen »(Last-)Spruch« gegen Fremdvölker schließen läßt (vgl. Nah 1^{1}). Man muß bei dieser Sachlage die Zeit des Propheten indirekt aus seinem Buch erschließen. Dieses redet in 1^{6} von den »Chaldäern«, die Gott als Gerichtswerkzeug gegen die in 1^{2-4} der Gewalt Angeklagten einsetzen wird. Nach vielen Belegen (2 Kön $25^{4.13.26}$ Jer $21^{4.9}$ u. ö.) sind damit die Neubabylonier gemeint, die unter Nabopolassar mit den ihnen alliierten Medern zusammen 612 Ninive erobert und 609 das assyrische Restreich ausgelöscht haben. Die Einteilung in Interessenregionen der Sieger schanzte den Babyloniern den Westen zu, den sie sich fortan zu sichern suchten. Dabei kamen sie dem wiedererstandenen Ägypten ins Gehege, dessen Heer 605 vom Kronprinzen Nebukadnezzar bei Karkemisch am Orontes geschlagen wurde. Als König (605–562) gelang ihm der Aufbau eines mächtigen Imperiums. Nach 605 mußte Jerusalem-Juda die ägyptische Vasallenschaft eintauschen gegen die babylonische. Als König Jojakim (608 vom Pharao Necho in Jerusalem als König eingesetzt) um 600 Nebukadnezzar die Vasallenschaft aufkündigte, ließ der Babylonier 598/97 Jerusalem zum erstenmal belagern und einnehmen und über 3000 Personen (darunter die Beamten und den Adel) nach Babylonien deportieren. Jojakim war kurz vorher gestorben.

In diesem Jahrzehnt der Regierung Jojakims rissen in Jerusalem-Juda die alten Zustände wieder ein, die sein Vater Joschija (639–609) in seiner Reform zu beseitigen unternommen hatte. Der Prophet Jeremia zeichnet in Jer 22 ein düsteres Bild von diesem König. Auf diese Epoche passen genau die Anklagen, die in der Klage Habakuks in 1^{2-4} vorgetragen werden. Er ist also keineswegs einfach unter die Heilspropheten, gegen die Jeremia polemisiert, einzuordnen. Daß er aber wenigstens als »Kultprophet« (angeblich am Tempel in einer [bezahlten] Amtsfunktion angestellter Prophet) zu gelten habe, ist schon darum fragwürdig, da bis heute keine durchschlagenden Beweise für eine solche Institution in Israel vorgelegt worden sind. Zudem ist der Versuch, das Büchlein Habakuk ganz oder teilweise als Kultlegende zu erweisen, als fehlgeschlagen zu beurteilen. Der Prophet kannte die liturgischen Riten und Formulare und benützte einige davon als »Grundmuster« für die Gestaltung seiner Botschaft. Dazu bedarf es aber keines »Kultpropheten«, zumal sich solche »Anlehnungen« an bzw. »Entlehnungen« von kultischen Gattungen auch bei den klassischen Schriftpropheten finden.

Mit seinem Zeitgenossen Jeremia hat Habakuk dies gemeinsam, daß er unter der im Gottesvolk zur Herrschaft gelangten Ungerechtigkeit litt und die neu emporgekommenen Babylonier als Strafwerkzeug dafür ansah und ankündigte. Doch anders als Jeremia quälte ihn je länger je mehr das Problem, wie ein selbst so ungerecht und ungerächt vorgehendes Imperium ein Gerichtswerkzeug in der Hand des heiligen Gottes sein und bleiben könne. Damit stand er offensichtlich nicht allein. Die Frage nach der Gerechtigkeit Gottes in seinem Geschichtswalten ist ja eine Ur-Frage der Gläubigen und all derer, »die Hunger und Durst haben nach der Gerechtigkeit«. Habakuk wurde in einem visionären Widerfahrnis die göttliche Antwort gegeben: Die Gerechtigkeit, die sich im gläubigen und tätigen Festhalten an Jahwe erweist (2^4), hat im Weltplan Gottes und darum auch letztlich in seinem Geschichtswalten die unverbrüchliche Zusage auf das »Leben«. Die Ungerechtigkeit führt dagegen nach einer allerdings nur von Gott zu bestimmenden Frist zum Tode. Darauf kann man vertrauensvoll harren. Der Ungerechtigkeit und Hybris der neubabylonischen Weltmacht wird Jahwe zugunsten von Israel (vertreten durch Juda-Jerusalem) zu »seiner Stunde« ein Ende bereiten.

Geschichtlich hat Juda-Jerusalem nach Habakuk zweimal Nebukadnezzar als Strafwerkzeug Jahwes erfahren (598/97 und 587/86). Erst 539 mußte Babel seine »Grenze« (von der übrigens auch Jer 27^7 29^{10} sprechen) erfahren und von der Bühne der Weltgeschichte abtreten. Mit dieser langen Frist hat Habakuk selbst offensichtlich nicht gerechnet. Er huldigte, wie die Formulierung seiner Botschaft an einigen Stellen erkennen läßt, eher der »Nah-Erwartung«. Das ist menschlich verständlich, und damit steht Habakuk angesichts der »Nah-Erwartung« im NT in der Bibel nicht allein. Der fortwährenden Gültigkeit seiner Verkündigung tut dies keinen Abbruch. In ihr wird Habakuk und uns allen dies zugesprochen: »Erst zu der bestimmten Zeit trifft ein, was du siehst; aber es drängt zum Ende und ist keine Täuschung; wenn es sich verzögert, so warte darauf; denn es kommt, es kommt und bleibt nicht aus« (2^3).

Das Buch Habakuk. Das drei Kapitel umfassende Büchlein ist wohl das seinen Stoff am durchsichtigsten gruppierende Werk aus dem Zwölfprophetenbuch. Von daher ist der gelegentliche Versuch in der Forschung, es im Ganzen oder wenigstens in wichtigen Teilen als

»Kultagende« zu deuten, in etwa verständlich. Eine Übersicht ergibt folgende Grobgliederung:

1^{1} : Überschrift.
1^{2-4} : Klage des Propheten über Frevel und Gewalttaten.
1^{5-11} : Jahwes Antwort: die Chaldäer als Gerichtswerkzeug.
1^{12-17} : Neue Klage des Propheten: Das Strafwerkzeug ist selbst eine frevlerische Macht.
2^{1-5} : Entscheidende Antwort Jahwes in 2^{4}.
2^{6-20} : Weherufe gegen Babylon.
3^{1-19} : Gebet Habakuks (ein prophetisch gerahmter und durchgearbeiteter Theophanie-Psalm).

Die Endgestalt des Buches ist einer Redaktion zuzuschreiben. Doch scheint sie an der Niederschrift durch Habakuk bzw. seinen Jüngerkreis nicht viel geändert zu haben. Ihre Hand ist in $2^{6a.14.18-20}$ und in 3 zu erkennen. Der Psalm muß in seiner Substanz Habakuk zugesprochen werden. Doch hat ^{17} als Einschub zu gelten. Möglicherweise gehören auch $^{18-19}$ mit ihrem stark psalmistischen Kolorit zu dieser Hinzufügung.

Die Teile 1^{2}–2^{5} 2^{6-20} 3^{1-9} sind zeitlich verschieden zu datieren, aber offensichtlich in chronologischer Reihenfolge überliefert. Wahrscheinlich gehören 1^{2-11} in die Zeit um 605, 1^{12}–2^{5} und die übrigen Texte in die Epoche von 605 bis 600.

Der Text des Buches ist öfter verderbt auf uns gekommen. Die alten Versionen tragen kaum zur Aufklärung bei. Hie und da kann der Qumran-Text (1 QpHab) etwas zur Korrektur beisteuern. Daß er 3 nicht enthält, besagt nichts gegen dessen Authentizität.

LITERATURHINWEISE

I. Vgl. die Gesamtkommentare zum Zwölfprophetenbuch.

II. *Neuere deutsche Kommentare zu Habakuk:* H. Brandenburg, in: Die kleinen Propheten I (Das lebendige Wort 9), Gießen und Basel 1963. K. Elliger, in: Das Buch der zwölf kleinen Propheten II (ATD 25/2), Göttingen ^{7}1975. F. Horst, in: Th. H. Robinson – F. Horst: Die zwölf kleinen Propheten (HAT 14), Tübingen ^{3}1964. W. Rudolph (KAT XIII 3), Gütersloh 1975 (Literatur!). R. v. Ungern-Sternberg – H. Lamparter, Der Tag des Gerichtes Gottes (Die Botschaft des AT 23/4), Stuttgart 1960, S. 7–72.

III. *Wichtige ältere und ausländische Kommentare:* siehe die Angaben der Literaturhinweise zu Micha, Abschnitt III. Ferner: M. Delcor, La sainte Bible VIII 1, Paris 1964. B. Duhm, Das Buch Habakuk, Tübingen 1906. W. H. Ward, Habakkuk (ICC), Edinburgh 1965. J. Wellhausen, in: Skizzen und Vorarbeiten Nr. 5: Die kleinen Propheten, Berlin 1898, Neudruck 1963.

IV. *Wichtige Monographien und Beiträge:* J. H. Eaton, The Origin and Meaning of Habakkuk 3: ZAW 76 (1964) 144–171. K. Elliger, Studien zum Habakuk-Kommentar vom Toten Meer, Tübingen 1953. J. Jeremias, Theophanie (WMANT 10), Neukirchen ²1977. Ders., Kultprophetie und Gerichtsverkündigung in der späten Königszeit Israels (WMANT 35), Neukirchen 1970. C. A. Keller, Die Eigenart der Prophetie Habakuks: ZAW 85 (1973) 156–167. W. Lüthi, Habakuk rechtet mit Gott, Basel, 7. Aufl. o. J.; E. Otto, Die Stellung der Wehe-Worte in der Verkündigung des Propheten Habakuk: ZAW 89 (1977) 73–107. H. Schmidt, Ein Psalm im Buche Habakuk: ZAW 62 (1950) 52–63. W. Vischer, Le Prophète Habaquq, Genf 1959.

V. *Forschungs- und Literaturbericht:* P. Jöcken, Das Buch Habakuk. Darstellung der Geschichte seiner kritischen Erforschung mit einer eigenen Beurteilung (BBB 48), Köln, Bonn 1977.

ÜBERSCHRIFT: 1[1]

1[1] Ausspruch, den der Prophet Habakuk in einer Vision hörte.

DER DIALOG DES PROPHETEN MIT GOTT: 1^{2}–2^{5}

Die Klage des Propheten: 1^{2-4}

2 Wie lange, Herr, soll ich noch rufen, Ijob 19^{7}
und du hörst nicht?
Ich schreie zu dir: Hilfe, Gewalt!
Aber du hilfst nicht.
3 Warum läßt du mich die Macht des Bösen erleben Ps 55^{10-12}
und siehst der Unterdrückung zu?
Wohin ich blicke, sehe ich Gewalt und Mißhandlung, Am 3^{9f}
erhebt sich Zwietracht und Streit.

1^{3} *niśśā'* oder *jinnaśe'*; M: »er erhebt«.

1^{1} Die Überschrift des Büchleins ähnelt der in Nah 1^{1}. Über den Propheten Habakuk gibt es keine historischen Nachrichten. Der singuläre Name wird zumeist als Pflanzenname gedeutet: ein Gartenkraut, bei akkadischer Herkunft wohl Gurke, nach der übrigen semitischen Tradition eher Basilienkraut. Eine akkadische Namengebung wäre in der Zeit des assurfreundlichen Königs Manasse (699–643) nicht verwunderlich. Die Erwähnung eines Propheten Habakuk in Dan 14 ist ohne historisches Gewicht.

1^{2-4} ist eine Klage des Propheten, eröffnet wie Ps $13^{2.3}$ (Klagelied eines einzelnen). Die Klage, in der das Bitten nur indirekt erwähnt wird $^{(2)}$, bezieht sich auf eine Situation der Rechtlosigkeit, die den Propheten niederdrückt. Diese Lage wird zunächst mit »Gewalt« (*šod*, vgl. Am 3^{10} Jer 6^{7} 20^{8} Ez 45^{9}) und »Mißhandlung« (*ḥāmās*, vgl. dieselben Stellen) umschrieben. Dann mit »Zwietracht« (*rīb*, vgl. Dtn 25^{1} Ps 31^{21} Spr 17^{1}) und »Streit« (*mādōn*, vgl. Spr 17^{14} 18^{19} 23^{29} Jer 15^{10}), die nur die Verhältnisse im Gottesvolk meinen können. Damit geht einher die »Erschlaffung der *tōrāh*«, d. h. man verkündet Jahwes Weisung nicht ernstlich (vgl. Jer 8^{8} Mal $1^{7.12}$), oder man kümmert sich nicht um sie (vgl. Jes 5^{24} 30^{9} Jer 6^{19} 9^{12}), oder beides. Damit hängt zusammen die Außerkraftsetzung von Recht und Gerechtigkeit im Gerichtswesen (vgl. Am $5^{7.10.12}$ Jes 5^{7} Mi 3^{11} u. ö.). Mit keinem Wort deutet der Prophet an, daß er außenpolitische Verhältnisse anspreche. Darum ist auch die Annahme, das Klagelied sei später einer Volksklage bei der öffentlichen Klagefeier zugrunde gelegt worden, unwahrscheinlich. Als Datum kommt nur die Regierungszeit Jojakims (609–598) in Betracht. Dieser König war nach Jer 22^{13-19} geradezu der »Anführer der Ungerechtigkeit« in Jerusalem. Habakuk hat also wie sein Zeitgenosse Jeremia den vom König zu verantwortenden allgemeinen Bundesbruch zum Gegenstand seiner bewegten Klage gemacht, die

4 Darum ist das Gesetz ohne Kraft,
und das Recht setzt sich gar nicht mehr durch.
Die Bösen umstellen den Gerechten,
und so wird das Recht verdreht.

Die Antwort Gottes: 1^{5-11}

5 Seht auf die Völker, schaut hin,
staunt und erstarrt!
Denn ich vollbringe in euren Tagen eine Tat –
würde man euch davon erzählen, ihr glaubtet es nicht.
6 Denn seht, ich stachle die Chaldäer auf,
das grausame, ungestüme Volk,
das die Weiten der Erde durchzieht,
um Wohnplätze zu erobern, die ihm nicht gehören,
7 ein furchtbares und schreckliches Volk,
das selbst sein Recht und seinen Rang bestimmt.
8 Seine Pferde sind schneller als Panther,
Zef 3^3 wilder als die Wölfe der Steppe.

1^5 ergänze nach G *ʾᵃnī.*
1^8 *ᶜᵃrābāh,* vgl. G Jer 5^6; M: »Abendwölfe«.

sich bis hin zur Anklage Jahwes selbst vorwagt. Er gehört also von Hause aus in die Reihe der Propheten, welche den Akzent auf die »horizontale« Willensoffenbarung Jahwes legen. Habakuk scheint zwar nicht unmittelbar selbst (wie etwa Jeremia, vgl. 20^8) Betroffener zu sein; aber um so eindrücklicher ist seine Betroffenheit über ein »Jahwevolk«, in welchem das Gottesrecht (= das Menschenrecht) mit Füßen getreten wird. Er sieht keinen irdischen Helfer gegen die »Macht des Bösen« und wendet sich darum mit Hilfeschreien an den Bundesgott. Er tut dies zugleich in Stellvertretung der Jahwegetreuen (und zu ihren Gunsten), nimmt also die große prophetische Aufgabe der Fürbitte (vgl. Jes 37^4 Jer 37^3 1 Kön 13^6 Am $7^{2.5}$) für die Jahwe getreuen Gerechten wahr.
1^{5-11} ist ein Gottesspruch, ohne als solcher äußerlich gekennzeichnet zu sein. Die Klage in 1^{2-4} endet zwar nicht in einer direkten Bitte, ist aber so intensiv (vgl. ^{3} »warum ...«), daß eine Antwort Jahwes fällig wird. Im prophetischen Widerfahrnis erhält Habakuk als Fürsprecher und Sprecher der Jahwegetreuen (darum plurale Anrede) einen göttlichen Erhörungsspruch. Er ist allerdings nach Art und Inhalt verwunderlich und paßt, wie einleitend gesagt wird, nicht in die Perspektive der Erwartung der Klagenden. Das Staunenswerte besteht offenbar in folgendem: 1. Das lang vergessene Babylon (= Chaldäer), das neuerdings sein Erstarken in der in Allianz mit den Medern und Skythen bewirkten Auslöschung des assyrischen Reiches angezeigt hat, wird durch Jahwes Walten in kurzer Zeit zur Weltmacht im Vorderen Orient, die sich alles unterwerfen wird, also auch Juda-Jerusalem. 2. Die Chaldäer, die selbst

Seine Rosse und Reiter stürmen heran,
sie kommen aus der Ferne,
sie fliegen herbei wie ein Geier,
der sich auf seinen Fraß stürzt.
9 Sie rücken an, entschlossen zu roher Gewalt,
alle Gesichter vorwärts gerichtet.
Gefangene raffen sie zusammen wie Sand.
10 Sie machen sich sogar über Könige lustig
und lachen über mächtige Fürsten;
ja, sie spotten über jede Festung,
sie schütten einen Erdwall auf und nehmen sie ein.
11 Dann ziehen sie weiter,
wie der Sturmwind sausen sie dahin.
Doch sie werden es büßen,
denn sie haben ihre Kraft zu ihrem Gott gemacht. Jes 10^{13}

Erneute Klage des Propheten: 1^{12-17}

12 Herr, bist nicht du Dtn 33^{27}
von Ewigkeit her mein heiliger Gott? Ps 90^{1f}

1^{11} Anstelle von *ʾšm*, von allen Übss bestätigt, las man in Qumran *jśm* (von *śīm)* oder *jšm* (*šāmam* Hi.). Die Texttradition spricht für M.

Macht für Recht setzen (7), ja sie zu ihrem Gott machen (11), sollen zunächst Gerichtswerkzeug Jahwes am Gottesvolk und dessen Gewaltstruktur sein, ehe sie selber von Gott zur Rechenschaft über ihre Gewalttaten gezogen werden.
Als Nebukadnezzar die Ägypter bei Karkemisch schlug (605) und ausschaltete, begann sich Habakuks Ankündigung zu erfüllen. Da die Chaldäer sich bei ihren Feldzügen stark auf das Reitervolk der Skythen stützten, zeichnet er in deren Bild das »Wesen« der Eroberer.
Habakuk sollte in 1^{5-11} keine der ersehnten Rettungstaten Jahwes ankündigen, sondern nur die rätselhafte Souveränität des waltenden Geschichts- und Gerichtsgottes aufweisen. Seine Botschaft hat darin Ähnlichkeit mit der Jesajas, der zu seiner Zeit Assur als Gerichtswerkzeug Jahwes an Jerusalem-Juda (= Hort der Ungerechtigkeit) zu offenbaren hatte (10^{1-6}). Wie Jesaja (10^{7-19}), so sagt auch Habakuk, daß das Gerichtswerkzeug durch Mißbrauch seiner Macht selbst dem Gericht verfallen wird. Er geht in seiner Aussage jedoch keineswegs so weit wie Jeremia, der Nebukadnezzar in 27^{6ff} mit dem ehrenden Titel »Knecht Jahwes« bedenkt.
Unser Text gehört zu den nicht wenigen Zeugnissen des AT, daß »Gott anders ist«. Man darf sich von ihm kein fixiertes »Gedankenbild« machen, sondern muß gerade als Offenbarungsgläubiger »Gott Gott sein lassen«. Dies wird auch durch das Zeugnis der Botschaft Jesu immer neu herausgestellt, nicht zuletzt durch sein ergreifendes Gebet in Mk 14^{36}.
1^{12-17} ist in 2^{1} als »Vorhaltungsklage«

Wir wollen nicht sterben.
Herr, du hast sie doch nur dazu gerufen,
an uns das Gericht zu vollziehen:
Du, unser Fels, du hast sie dazu bestimmt,
uns zu bestrafen.
13 Deine Augen sind zu rein, um Böses mit anzusehen,
du kannst der Unterdrückung nicht zusehen.
Warum siehst du also den Treulosen zu
und schweigst,
wenn der Ruchlose den Gerechten verschlingt?
Ez 29^{4f} 14 Warum behandelst du die Menschen
wie die Fische im Meer,
wie das Gewürm, das keinen Herrn hat?
15 Mit der Angel holt er sie alle herauf,
er schleppt sie weg in seinem Netz
und rafft sie fort in seinem Fischgarn;
er freut sich darüber und jubelt.

1^{12} »Wir wollen nicht sterben« ist eine alte rabbinische Änderung von »der du nicht stirbst«. – »Fels« ist Anrede an Gott *(ṣūrī[?])*.
1^{13} M: »den Gerechteren«. Übss (z. T.): »den Gerechten«.

(tōkaḥat) treffend gekennzeichnet, und dies vom Propheten selbst. Sie wird später als 1^{5-11} artikuliert sein, denn sie scheint von den Erfahrungen gespeist zu sein, die man mit Nebukadnezzar nach dem Sieg von Karkemisch machte, als er Feldzug auf Feldzug in den Westen folgen ließ. Die Vorhaltung beginnt mit der Frage, ob Jahwe nicht von urher »der Heilige Israels« (vgl. Jes 1^4 $5^{19.24}$ u. ö.), d. h. der seine Heiligkeitsmacht für Israel einsetzende Gott sei. Sein Volk zwingt ihn zwar, es auch in das Feuer des Gerichts zu stellen (vgl. Jes 10^{17}) und dafür ein anderes Volk als Gerichtswerkzeug zu bestellen; aber müssen es gerade die »gottlosen« Menschenverächter sein, als welche die Neubabylonier sich jetzt entpuppen? Gott kann doch gerade als heiliger Gott nicht tatenlos der Verschlingung des Gerechten durch den Bösen zusehen. Können Menschen wie Gewürm und Fische ohne Schutz dem raffenden Räuber preisgegeben werden? Der Prophet muß Kunde davon gehabt haben, daß die Babylonier ihre Götter gern mit dem Fischnetz dargestellt haben, in welchem es von Gefangenen wimmelt. So kann er sogar das Fangnetz als Gegenstand göttlicher Verehrung durch die völkermordenden Chaldäer hinstellen.

»Gott Gott sein lassen« bedeutet für die biblische Offenbarung nicht, das Fragen des aufgewühlten Menschen zu unterdrücken. Das »Warum?«, zum Gott des Bundes hin gesprochen, kehrt in der Bibel immer wieder bis hin zum Psalmwort des sterbenden Jesus: »Gott, mein Gott, warum hast du mich verlassen?« (Mk 15^{34} Mt 27^{46}). Zu solchem Fragen wird der leidende Mensch vom Gott der Zuwendung geradezu ermächtigt, es gehört zum gläubigen Dialog mit ihm. Nur, wo das Klagen über das Anklagen hinausgeht und

16 Deshalb opfert er seinem Netz
und bringt seinem Fischgarn Rauchopfer dar;
denn durch sie hat er reichen Gewinn
und ein üppiges Mahl.
17 Darum zückt er unablässig sein Schwert,
um ohne Erbarmen die Völker zu morden.

Die Antwort Gottes: 2^{1-5}

2 1 Ich will auf meinem Wachtturm stehen, Ez 33[7]
ich stelle mich auf den Wall
und spähe aus, um zu sehen, was er mir sagt,
was er auf meine Klage entgegnet.
2 Der Herr gab mir Antwort und sagte:
Schreib nieder, was du siehst,
schreib es deutlich auf die Tafeln,
damit man es mühelos lesen kann.
3 Denn erst zu der bestimmten Zeit trifft ein,
was du siehst;
aber es drängt zum Ende und ist keine Täuschung;

1^{16} *bārī';* M: Femininendung.

1^{17} 1 QpHab hat keine Fragepartikel. Die Frageform scheint aber sinngemäßer. – *tāmīd* (1 QpHab); M: »und unablässig«. – 1 QpHab: »Schwert«; M: »Netz«.

2^{1} *jāšīb* S; M: »ich antworte« (vielleicht aber auch: »was ich als Antwort erhalte«).

sich zum menschlichen Tribunal über Gott erhebt, wird ihm (wie bei Jeremia und Ijob) eine Grenze gesetzt. Habakuk hat diese Grenze eingehalten, aber den Raum davor – er spricht ja im Namen so vieler Leidenden, die ihm selbst Fragen und Zweifel vortragen – hat er mit seinem sehr verständlichen Anfragen besetzt. Er hat die Hoffnung (insbesondere als Prophet), daß ihn sein Gott letztlich nicht ohne Antwort läßt (vgl. 2^{1}).

2^{1-5} bilden eine deutlich abgegrenzte Einheit. In $^{2-5}$ handelt es sich um einen Gottesspruch, der als Antwort auf die Vorhaltungsklage von 1^{12-17} an den Propheten ergeht. ^{1} bildet die Einleitung dazu: Habakuk schildert in einem kurzen Selbstbericht, daß das Gotteswort erst nach längerem Warten an ihn erging (vgl. Jer 28^{11f} 42^{7}). Er benützt zur Beschreibung das Bild vom Wächter auf dem Festungswall (vgl. Ps 60^{11}), der Ausschau hält. »Ausschauer« bzw. »Späher« werden die Propheten in Jer 6^{17} Ez 3^{17} genannt. Die Deutung auf einen kultischen Brauch (vgl. Ps 5^{4}) ist dem Kontext nach – mit keinem Wort werden Opfer erwähnt – auszuschließen (vgl. auch Mi 7^{7}). Auch Num 23^{1ff} spricht nicht dafür, da Bileam sich zur Schau vom Kultort entfernt (23^{3}). Die Antwort, die Habakuk nach einiger Zeit empfängt, gliedert sich in einen göttlichen Befehl an ihn samt Begründung $^{(2-3)}$, in

2 Petr 3^9 wenn es sich verzögert, so warte darauf;
denn es kommt, es kommt und bleibt nicht aus.
4 Sieh her: Wer nicht rechtschaffen ist,
schwindet dahin,
Röm 1^{17}; Gal 3^{11}; der Gerechte aber bleibt
Hebr 10^{38} wegen seiner Treue am Leben.
5 Wahrhaftig, der Reichtum ist trügerisch,
wer hochmütig ist, kommt nicht ans Ziel,
wenn er auch seinen Rachen aufsperrt
wie die Unterwelt
und unersättlich ist wie der Tod,
wenn er auch alle Völker zusammentreibt
und alle Nationen um sich vereinigt.

2^4 *ᶜullāf* (vgl. Mss); M: »sie ist aufgeblasen«.
2^5 *hōn jibgōd* 1 QpHab; M: »der Wein ist Betrüger«(?).

eine Generalformulierung des dem Walten Gottes innewohnenden »Gesetzes« (4) und in dessen spezielle Anwendung auf die Neubabylonier (5). Da das göttliche Eingreifen noch länger aussteht, soll der Prophet die Antwort gut leserlich auf Tafeln schreiben bzw. schreiben lassen, welche die Zeit überdauern und so als Dokumentation für die Wahrheit der Botschaft bei ihrer Realisierung zu dienen vermögen (vgl. Jes 8^1 Jer 30^2). Die Gewißheit des Eintreffens – auch bei längerem Verzug – wird Habakuk in einem eindringlichen Zuspruch zugesagt. Dann offenbart Jahwe, daß er Bürge dafür ist, daß das Böse und der Böse keine Zukunft haben, und daß der Gerechte das Leben erben wird aufgrund seiner *'ᵆmūnāh*, d. h. seines treuen Festhaltens an Jahwe und seiner Weisung. Der hebräische Begriff (G: πίστις) meint sowohl den Glauben wie die Treue. Denn Glauben (= Sichfestmachen in Jahwe, vgl. Gen 15^6) ist biblisch immer ein in Gerechtigkeitstaten sich »verleiblichender« Glaube (= Realisierung des Dekalogs). Daher wird die arrogante und maßlose Machtgier Babels keine Zukunft haben(5); sie wird im Nichts vergehen. Dies ist die entscheidende Antwort Gottes auf die quälende Frage des Propheten und seiner gläubigen Gesinnungsgenossen. Sie enthüllt nicht die konkrete Motivation Gottes bei der Wahl seines Gerichtswerkzeugs für Juda-Jerusalem, wohl aber die Grundintention seines Geschichtswaltens und deren letztgültige Realisierung. Die »Wartezeit« im Hinblick auf die babylonische Weltmacht war relativ lang: 539 erst wurde ihr durch den Perser Kyrus (in Jes 44^{28} »Hirt Jahwes«, in 45^1 »sein Gesalbter« genannt) ein Ende für immer bereitet. 2^{1-5} vermag in den Glaubensproben, in welche der Verlauf der Weltgeschichte die Gläubigen immer wieder stellt, Licht und Kraft zu spenden. 2^4 insbesondere hat eine große Wirkungsgeschichte gehabt. In Röm 1^{17} und Gal 3^{11} wird der Vers als eine der Basisstellen der paulinischen Verkündigung über den Glauben herangezogen. Paulus biegt den Text nicht einfachhin um, wenn er *'ᵆmūnāh* als »Glauben« versteht. Denn er erkennt mit dem AT nur den Glauben als echten Glauben an,

DIE WEHERUFE: 2^{6-20}

Über den Habsüchtigen: 2^{6-8}

6 Werden sie nicht alle
ein Spottlied auf ihn anstimmen?
Ja, sie werden ihn verhöhnen und sagen:
Weh dem, der zusammenrafft, was nicht ihm gehört,
und sich hohe Pfänder geben läßt.
Wie lange wird er es noch treiben?
7 Plötzlich werden vor dir deine Gläubiger stehen,
deine Bedränger werden erwachen,
und du wirst ihre Beute.

2^6 Tilge *ḥīdōt* (= »Rätsel«) als spätere Glosse. Möglich auch 1 QpHab: *m^elīṣē ḥīdōt*. – *ʿad mātaj* (= »wie lange noch?«) ist wohl spätere Ergänzung.

2^7 *nošǣkā;* M: »deine Beißer« (= Zinsnehmer?).

»der in der Liebe wirksam ist« (Gal 5^6). Daß er das zugesprochene »Leben« im Vollsinn des NT interpretiert, ist ebenfalls keine illegitime Umdeutung. Denn der Begriff »Leben« ist in der Perspektive des AT ein nach vorn offenes und damit der »Auffüllung« fähiges Konzept. Außerdem ermächtigt das Christus-Ereignis den Apostel zu seiner Interpretation. Das in Hab 2^4 formulierte Generalprinzip bleibt dabei intakt.

2^{6-20} bilden eine literarische Einheit von fünf prophetischen Wehe-Sprüchen (vgl. Jes $5^{8.11.18.20.21}$ Mi 2^1 u. ö.). Sie werden jetzt durch ^{6a} (Verbinder zwischen 2^{1-5} und $^{6b-20}$) eingeleitet, der als redaktionell zu gelten hat. Er legt die Wehe-Sprüche in den Mund der Völker. $^{6b-8.9-11.15-17}$ haben eine ähnliche Struktur: »wehe« mit Nennung der Bedrohten in der 3. Person – direkte Anrede des Betroffenen. Letztere fehlt in $^{12-13}$. Vielleicht stand ^{17} ursprünglich nach ^{13}. Die Bilderpolemik in $^{18-20}$ weicht davon in doppelter Weise ab: 1. Sie beginnt nicht mit »wehe«. 2. Sie redet den Betroffenen nicht direkt an. Von der Form und vom Inhalt her haben $^{18-20}$ als späterer Einschub zu gelten. Von Habakuk stammen mindestens drei der Sprüche, vielleicht dazu noch $^{12-13}$, der unvollständig scheint und dem Inhalt nach jetzt als Anhang zu 2^{9-11} aufgefaßt werden kann. ^{14} ist redaktioneller Zusatz, ebenso die Wiederholung von ^{8b} in ^{17b}.

2^{6-8} Der Adressat ist im jetzigen Text nach ^{8} ohne Zweifel Babel und sein König Nebukadnezzar. Daß hier ein ursprünglicher Spruch Habakuks gegen König Manasse von Jerusalem in einen Nebukadnezzarspruch umgewandelt worden sei, ist nach ^{7} nicht wahrscheinlich (vgl. auch ^{10} und ^{17a}). Babel hat unter Nebukadnezzar viele Nationen unterjocht und ihnen nicht nur hohe jährliche Tribute abverlangt, sondern auch Pfänder, d. h. Geiseln, genommen. Die der maßlosen Raff- und Machtgier Babels ausgelieferten Völker werden »aufstehen« und die Verhältnisse umkehren: Aus niedergezwungenen Schuldnern werden fordernde Gläubiger. Die Blutschuld an so vielen

Jes 33[1] [8] Du hast viele Völker ausgeplündert;
deshalb plündern jetzt die Völker dich aus,
die übrigblieben,
V. [17] wegen des Blutes, das du vergossen hast
unter den Menschen,
wegen der Gewalttaten, die du verübt hast
an Ländern und Städten und an all ihren Bewohnern.

Über den Ausbeuter: 2[9–14]

[9] Weh dem, der für sein Haus unrechten Gewinn sucht
Obd 4 und sich hoch droben sein Nest baut,
um dem drohenden Unheil zu entgehen.
[10] Zur Schande für dein eigenes Haus
hast du beschlossen, viele Völker niederzuschlagen;
damit sündigst du gegen dich selbst.
[11] Es schreit der Stein in der Mauer,
und der Sparren im Gebälk gibt ihm Antwort.
Jer 22[13]; Mi 3[10] [12] Weh dem, der eine Stadt mit Blut erbaut
und eine Festung auf Unrecht gründet.
[13] Bewirkt es nicht der Herr der Heere,
daß die Völker sich plagen nur für das Feuer,
Nationen sich abmühen für nichts?
Jes 11[9] [14] Ja, das Land wird erfüllt sein
von der Erkenntnis der Herrlichkeit des Herrn,
so wie das Meer mit Wasser gefüllt ist.

Ländern und Städten zahlt sich also nicht aus, sondern führt in den Untergang (der allerdings erst 539 eintrat).

2[9–14] Die hier zusammengefügten zwei Wehe-Sprüche richten sich gegen den Bauluxus, für den gerade die Pracht- und Festungsbauten Nebukadnezzars das herausragendste Beispiel im Alten Orient darstellen. Der Vergleich mit dem Adlerhorst (vgl. Obd [4] Num 24[21]) will auf die Stärke der zumeist von Kriegsgefangenen und Sklaven in rücksichtsloser Ausbeutung erstellten Bauwerke hinweisen. Deren Quälung schreien Steine und Balken gleichsam in die Welt und hin zu Gott. Dem Babylonier gilt die gleiche Anklage, die Micha über hundert Jahre vorher gegen die Verantwortlichen in Jerusalem geschleudert hat (3[10]): Die Bauten sind auf Blut gebaut! Die Nichtigkeitserklärung von [13b] ([13a] ist sicher redaktionell) taucht auch in Jer 51[58] auf (wohl aus Hab 2[13b] übernommen). [14] ist ein redaktioneller und im Kontext merkwürdiger Zusatz aus Jes 11[9].

2[15–17] Jahwe wird selbst als Vollstrekker des Gerichts in [16] genannt. Für den Schriftkundigen wird er aber bereits hinter dem Bild von [15] sichtbar. Denn es ist das Privileg Jahwes, die Völker aus dem Becher seines Zorns trinken zu lassen (Jer 25[15–29] 49[12] Jes 51[17.21f]), d. h. sie zu Fall zu bringen. Dieses göttliche Tun maßt sich der König von Babel an und setzt sich damit an die Stelle Gottes selbst.

Über den Gewalttätigen: 2^{15-17}

15 Weh dem, der seinen Freund
aus dem Becher seines Zorns trinken läßt,
ja, ihn betrunken macht,
damit man ihn nackt sieht.
16 Du sollst dich an Schande sättigen, nicht an Ehre;
auch du sollst trinken und taumeln. Jes 51^{17}; Klgl 4^{21}
Der Becher in der Hand des Herrn kommt nun zu dir;
Schmach und Schande bedecken deine Ehre.
17 Denn dich erdrückt dein Verbrechen
gegen den Libanonwald,
und die Vernichtung des Großwilds lastet auf dir, V.[8]
wegen des Blutes, das du vergossen hast
unter den Menschen,
wegen der Gewalttaten, die du verübt hast
an Ländern und Städten
und an allen ihren Bewohnern.

Über den Götzendiener: 2^{18-20}

18 Was nützt ein Götterbild, das ein Bildhauer macht, Jes 44^{9-20}
ein gegossenes Bild, ein Lügenorakel?

2^{15} M: »beimischend«; – *ḥ^a^mātō* 1 QpHab; M: »deines Zornes«. – »taumle« nach 1 QpHab, G S Vg *(herāᶜel);* M: »zeige die Vorhaut« (*heᶜārel,* vielleicht richtig).

2^{17} *j^e^ḥittækā* (eigentlich: »jagt dir Schrecken ein«); M: »jagt ihnen (den Tieren) Schrecken ein«; 1 QpHab: unklar.

Er tut dies als böser, sadistischer Mensch: Er weidet sich an den durch ihn Entblößten und am Boden Liegenden. Diese Verwerflichkeit fällt auf ihn selbst zurück als Schmach und Schande. In seinem bösen Handeln überschritt er sogar den Bereich der Menschen: Er »vergewaltigte« durch rücksichtslosen Raubbau den Libanonwald (vgl. Jes 37^{24}) und rottete in seiner Jagdleidenschaft das Großwild aus. Freilich läßt das Hebräische auch die Deutung zu: Er lieferte die vielen Last- und Zugtiere durch Überforderung einem elenden Verenden aus.

2^{18-20} Der Abschnitt gegen die Götzenbilder und Götzenbildner beginnt mit der in verwandten Texten beliebten Frage, was Götterbilder »nützen« können (vgl. Hos 14^{9} Jer 2^{28} 14^{22} u. a.). Das dafür verwendete Verbum (*jāᶜal* Hi.) findet sich in ähnlichem Zusammenhang in Jer $2^{8.11}$ 16^{19} Jes 44^{9f} 57^{12} 1 Sam 12^{21}. Diese Argumentation ist besonders in Jes 57^{12f} verwandt, vgl. Jes 42^{17}. Wie immer in der atl Götterbilderpolemik ist auch in unserem Text eine Identifikation von Bild und Gottheit vorausgesetzt, was nur für den Volksglauben auf der untersten

Wie kann der Bildhauer auf den Götzen vertrauen,
auf das stumme Gebilde, das er selber gemacht hat?
19 Weh dem, der zum Holz sagt: Erwache!,
und zum stummen Stein: Wach auf!
Gibt der Götze denn Auskunft?
Gewiß, er ist mit Silber und Gold überzogen,
doch er hat keinen Geist, keinen Atem.
Ps 11⁴ 20 Der Herr aber wohnt in seinem heiligen Tempel.
Sach 2¹⁷ Alle Welt schweige in seiner Gegenwart.

DAS GEBET DES HABAKUK: 3[1–19]

3[1] Gebet des Propheten Habakuk, nach der Melodie von Schigjonot.
2 Herr, ich höre die Kunde,
ich sehe, Herr, was du früher getan hast.

3[2] *rā'ītī,* vgl. G; M: »ich fürchte« ([16] entsprechend).

Stufe zutrifft. Freilich gilt in orientalischer Perspektive ganz allgemein, daß der Gott im Bilde mit anwesend ist. Darum hat man das Götterbild auch für Orakelbefragungen eingesetzt. Dem allen setzt unser Text mit Jer 10[14] 51[17] die Feststellung entgegen, daß die Bilder keinen »Lebensgeist« *(rūaḥ)* haben. Nur Jahwe, im Tempel von Jerusalem präsent, ist der wahrhaft lebendige Gott (vgl. Jer 10[10]). Darum soll alle Welt vor ihm »still« sein, wie unser Text mit Zef 1[7] und Sach 2[17] formuliert.

Die Form, der Stil (gehobene Prosa) und der Inhalt sprechen gegen eine Autorschaft Habakuks. Es sind zwar die babylonischen Götter angesprochen, deren Kult Nebukadnezzar in besonderer Weise gefördert hat, aber eben aus der Perspektive der Exilszeit (vgl. die ausgedehnte Götterbilderpolemik bei Dt-Jes). Jer 10 steht Hab 2[18–20] dabei besonders nahe.

Hab 2[6–20] enthält eine wichtige Botschaft an das »alte« und das »neue« Israel. Hier wird von verschiedenen Blickpunkten her eine Weltmacht gezeichnet, die es durch eine rücksichtslose, ja grausame Ausbeutung der Völker und sogar der Natur zu einem gefürchteten, weil fast allmächtigen Imperium gebracht hat. Sein Großkönig kann schalten und walten wie ein Gott auf Erden. Dennoch wird er nicht der göttliche Lenker der Geschichte. Seine Macht wird durch Jahwe, den wirklichen Herrn der Menschheitsgeschichte, zu der von ihm bestimmten Frist in Ohnmacht verwandelt. Darauf mußte Juda-Jerusalem allerdings fast sieben Jahrzehnte warten (Habakuk um 605 – Fall Babylons 539). Aber dann hat sich die prophetische Zusage, die zu ihrer Zeit angesichts der politisch-militärischen »Weltkonstellation« nur den wirklich Jahwegläubigen als glaubwürdig erscheinen konnte, voll realisiert und hat damit die Zuverlässigkeit des Prophetenwortes auch für uns bestätigt.

3[1–19] In der Überschrift (*šigjonōt* ist unerklärt) und Unterschrift (beide nachträglich) und in dem eingefügten Pausenzeichen (?) *sælāh* ([9.13])

Laß es in diesen Jahren wieder geschehen,
offenbare es in diesen Jahren!
Auch wenn du zürnst, denk an dein Erbarmen!
3 Gott kommt von Teman her,
der Heilige kommt vom Gebirge Paran.
Seine Hoheit überstrahlt den Himmel, Ps 18⁸⁻¹⁰
sein Ruhm erfüllt die Erde. [Sela]
4 Er leuchtet wie das Licht der Sonne,
ein Kranz von Strahlen umgibt ihn,
in ihnen verbirgt sich seine Macht.
5 Die Seuche zieht vor ihm her,
die Pest folgt seinen Schritten.
6 Wenn er kommt, wird die Erde erschüttert,
wenn er hinblickt, zittern die Völker.
Da zerbersten die ewigen Berge,
versinken die uralten Hügel.
[Das sind von jeher seine Wege.]

3^6 M: »er erschüttert die Erde – läßt die Völker erzittern«.

kommt zum Ausdruck, daß man diesen Schlußtext gottesdienstlich benützt hat. Aber dieses »Gebetslied« = *t^efillāh*) hat eine eigene Form und Struktur, die im Psalter unüblich sind. Es beginnt mit einer an einen Rückblick angeschlossenen Doppelbitte des Beters bzw. Propheten (2). In 3–7 folgt (im Er-Stil) die Vision einer Theophanie bzw. Epiphanie. Sie findet (jetzt in direkter Rede Jahwes) in 8–13 ihre Fortsetzung. Mit einem persönlichen Bekenntnis von der starken Betroffenheit des Propheten, aber auch von seiner frohen Zuversicht, schließt das hochpoetische, aber textlich ziemlich schlecht überlieferte Stück. Dabei fällt 17 als eine in die Struktur und in den Kontext wenig passende Klage auf, die vielleicht erst bei der Verwendung des »Habakuk-Psalms« als Volksklage eingefügt wurde. Von Hause aus ist dieser »Psalm« aber kein Kultlied, sondern eine der Psalmodie entlehnte prophetische Verkündigungsform. Sie setzt grundsätzlich Hab 1–2 voraus und spiegelt ein echtes visionäres Widerfahrnis des Propheten wider, auch wenn die Schilderung zu einem guten Teil vorgeprägtes Traditionsmaterial aufgreift. In der Einführung in 2 nimmt der Prophet sowohl Bezug auf 2^{2f} wie auf die Vision, die er ab 3 schildert. Er unterbreitet Gott – trotz der Botschaft, daß die Bestimmung der Zeit allein bei Jahwe steht (2^3) – die eindringliche Bitte, die Epiphanie zur Rettung Juda-Jerusalems möge bald geschehen und beschwört das göttliche Erbarmen (vgl. Jer 31^{20}).

3^{3-7} Der Anfang der visionären Schau erinnert an Ri 5^{4f}, vgl. Dtn 33^2 Ps 68^{8f}. Nur benützt er für Edom den Namen Teman (wie in Am 1^{12}) und für das Gebirge den Terminus Paran (Dtn 33^2), der entweder das Sinaigebirge meint (vgl. die Oase Fērān) oder die Westseite des Wadi el-ᶜAraba (dort heute noch ein Ǧebel Fārān, 80 km westlich von Petra). Der »Heilige«, »dessen Lob die Erde erfüllt«, erscheint – wie in Jes 6^3 (vgl.

7 Die Zelte Kuschans sehe ich voll Unheil;
auch in Midian zittern die Zelte.
8 Herr, ist dein Zorn gegen die Flüsse entbrannt
[gegen die Flüsse dein Zorn]
und dein Groll gegen das Meer,
daß du mit deinen Rossen heranstürmst
Ps 68^{18}; Jes 66^{15} und mit deinen siegreichen Wagen?
9 Du hast den Bogen aus der Hülle genommen,
du hast die Pfeile auf die Sehne gelegt. [Sela]
Du spaltest die Erde,
und es brechen Ströme hervor;
Ps 77^{17f} 10 dich sehen die Berge und zittern,
tosender Regen prasselt nieder;
die Urflut brüllt auf
und reckt ihre Hände empor.
11 Sonne und Mond bleiben in ihrer Wohnung;
sie vergehen im grellen Licht deiner Pfeile,
im Glanz deiner blitzenden Lanze.
12 Voll Zorn schreitest du über die Erde,
in deinem Groll zerstampfst du die Völker.
13 Du ziehst aus, um dein Volk zu retten,
um deinem Gesalbten zu helfen.
Vom Haus des Ruchlosen schlägst du das Dach weg
und legst das Fundament frei
bis hinab auf den Felsen. [Sela]

3^{9} Vokalisiere *ᶜārōh tᵉᶜāræh – śibbaᶜtā ... mētār.*
3^{11} *bizᵉbulōh;* M: »zu der Wohnung hin«.
3^{13} *līšūᶜat – ᶜerētā ... ṣūr* (statt M: »Hals«).

auch Ps 104^{2}) – in blendender Lichtherrlichkeit. Sein Gefolge (damit deutet sich sein Kommen zum Gericht an) ist die personifizierte Seuche (= *ræšæf*, in Syro-Kanaan Seuchengott) und die Pest (beide auch Ps 78^{48}). Vor dem majestätischen Gerichtsherrn erbebt die Erde (vgl. Mi 1^{3f}) und versinkt ihr festester Grundbestand: die Berge und Hügel (vgl. Ps 18^{8} 97^{5}). Auch die erdbebensicheren Zelte der Beduinen von Midian und Kuschan (Sinai-Region) werden hart betroffen.

3^{8-15} Jetzt wird die allgemeine Gerichtstheophanie auf doppelte Weise ins Konkrete gewendet: a) Gott wird direkt vom Propheten angeredet $^{(8ff)}$; b) Jahwe erscheint dabei als Kriegsherr, der durch die Naturphänomene und durch sie hindurch (Transparenz) in die Geschichte eingreift und siegreich seinen Geschichtsplan durchsetzt. Dabei werden Motive aufgegriffen, die sich bereits in den mesopotamischen Schöpfungsmythen finden, besonders aber in den kanaanäischen Mythen (Kampf Baals mit dem Gott »Jām«, dem Fluß- und Meergott) zur Rezeption bereit liegen (vgl. Jes 51^{9f} 27^{1} Ps 74^{12-14} u. a.). Wie bei einem gewaltigen Gewitter Sonne und Mond nicht mehr scheinen, wird die »Welt-

14 Mit deinen Pfeilen
durchbohrst du den Kopf seiner Krieger,
die heranstürmen, um uns zu verjagen.
Sie freuen sich schon voll Übermut,
in ihrem Versteck den Armen zu fressen. Ps 10^{8-10}
15 Du bahnst mit deinen Rossen den Weg durch das Meer, Jes 43^{16}
durch das gewaltig schäumende Wasser.
16 Ich zitterte am ganzen Leib, als ich es hörte,
ich vernahm den Lärm, und ich schrie.
Fäulnis befällt meine Glieder,
und es wanken meine Schritte.
Doch in Ruhe erwarte ich den Tag der Not,
der dem Volk bevorsteht, das über uns herfällt.
17 Zwar blüht der Feigenbaum nicht, Jer 5^{17}
an den Reben ist nichts zu ernten,
der Ölbaum bringt keinen Ertrag,
die Kornfelder tragen keine Frucht;

3^{14} *l^{e}h^{a}pīṣenū;* M: »mich«.
3^{16} *'^{a}šur* statt M: *'^{a}šær.*
3^{17} Vokalisiere *gāzur.*

szene« jetzt nur noch von den grellen Blitzen Jahwes (= Pfeile) beherrscht und umgestaltet. $^{13-15}$ Mit seiner ganzen Macht und Herrlichkeit kommt Jahwe »seinem Volk«, d.h. Israel, und »seinem Gesalbten« (sowohl Juda-Jerusalem wie deren Repräsentanten, dem davidischen König), in der gegenwärtigen Not zu Hilfe. Der »Arme«, der sich schon als Fraß des Raubtiers sieht und nun doch Rettung findet, ist das durch die Neubabylonier gepeinigte und niedergebeugte Juda-Jerusalem. Den »Frevler« aber und seine Großen und seinen Königspalast (oder ist die Dynastie mit »Haus« gemeint?) trifft die Vernichtung.

3^{16-20}. ^{16} bestätigt, daß das vorher Geschilderte ein visionäres Widerfahrnis wiedergibt, das den Propheten erschreckt wie vordem den Jesaja seine Tempelvision (Jes 6^5). Da aber die furchterregende Gerichtstheophanie sich zuletzt als Rettungs-Epiphanie vor dem Bedränger-Volk entpuppte, bewirkte sie Stärkung und Tröstung und machte das Harren zu einem zuversichtlichen Ausharren (vgl. 2^3), dem sich sogar die Freude beimischen konnte $^{(18-19)}$. Falls ^{17} authentisch sein sollte – fast alles spricht dagegen –, wäre er nicht nur ein Hinweis auf eine Dürrekatastrophe, sondern brächte die Verwüstung des Landes durch den Eroberer ins Bild. In $^{18-19}$ (wenn sie nicht erst mit ^{17} hinzugefügt wurden) schließt sich der Prophet im voraus zugleich mit den Geretteten zusammen zu einem psalmistischen Bekenntnis, das vorab Ps 18 nahesteht (vgl. $18^{2ff.34-47}$). Zu »Gott meines Heils« bzw. »Gott, mein Retter« $^{(18)}$ vgl. Ps 18^{47} 25^5 27^9 62^8.

Es sprechen (vgl. die Erklärung) gewichtige Gründe dafür, daß 3 in seiner Substanz authentisch ist. Freilich folgt dann daraus, daß Habakuk ein nicht nur poetisch begabter und

im Pferch sind keine Schafe,
im Stall steht kein Rind mehr.
18 Dennoch will ich jubeln über den Herrn,
und mich freuen über Gott, meinen Retter.
19 Gott, der Herr, ist meine Kraft.
Ps 18^{34} Er macht meine Füße schnell
wie die Füße der Hirsche
Jes 58^{14} und läßt mich schreiten auf den Höhen.
(Dem Chormeister. Zum Saitenspiel.)

sprachlich hochgebildeter Prophet – das zeigten schon Hab 1–2 –, sondern auch ein mit den Traditionen Israels und zugleich mit den literarischen Überlieferungen der Umwelt bestens vertrauter Theologe war. Er gehört schon zu jenen Gottesmännern, welche Ende des 7. Jh. für die Rezeption mythologischer Motive besonders offen waren – eine Rezeption, die ab dem 6. Jh. ihre »Renaissance« erlebte (Ez, Deutero-Jes), nachdem der transzendentale Monotheismus als gesichert und so als nicht mehr gefährdet gelten konnte.
3 hängt eng mit 2^{2-5} zusammen. Möglicherweise handelt es sich sogar um die dort noch nicht näher beschriebene Vision. Jedenfalls ist die Botschaft fast die gleiche: Allem gegenteiligen Anschein zum Trotz bleibt Jahwe im Gewoge der Geschichte, in welcher einzelne Imperien sich alle erdenkbaren Ungeheuerlichkeiten mit der ihnen zuteil gewordenen Macht erlauben, der eigentliche Herr des Weltregiments. Er läßt die Rettungstaten der Vorzeit (Befreiung am Schilfmeer, die Landsicherung unter Debora) nicht zu flüchtigen Episoden werden, sondern als sein verheißendes Engagement erscheinen, auf das man sich auch in der schlimmsten Notzeit verlassen kann. Habakuk ist sein Bote, der Israel »Hoffnung wider die Hoffnung« (Röm 4^{18}) zusprechen muß. Dem frevlerischen »Chaldäer« (= Nebukadnezzar und die neubabylonische Weltmacht) wird durch die Siegesmacht des Bundesgottes ein verdientes Ende bereitet, und so wird das Gottesvolk seine Befreiung erfahren. Gleichsam den Kommentar zu dieser Ansage Habakuks durfte erst Deutero-Jes »schreiben« (vor allem in Jes 44–47). In der Epoche unseres Propheten ist, wie er selbst in 1^{5-11} ankündigt, Babel noch das Gerichtswerkzeug Gottes. Darum steht Habakuk auch nicht in Gegensatz zu Jeremia, der Jerusalem die (vorläufige) Beugung unter das Joch des Königs von Babel anraten muß und diesem unter dem Gesichtspunkt »Werkzeug« den Titel »Knecht Jahwes« gibt (Jer 25^{9} 27^{6} 43^{10}). Nur hat Habakuk eine größere »Naherwartung« und hat zugleich eine stärkere emotionale Aggressivität entwickelt, die dem Jeremia gegenüber Babel fremd war.
Dem Hymnus, in welchen Habakuk seine Vision gekleidet hat, eignet wie allen Theophanie-Hymnen eine eschatologische Aura. Darum konnte er auch nach dem Ende Babels in eine endzeitliche Perspektive eingestellt werden, als aus Hab 3 ein Psalm wurde. Als solcher ließ und läßt er sich durch alle geschichtlichen Generationen des alten und neuen Gottesvolks rezipieren und aktualisieren, und dies insbesondere in Zeiten, in denen die Versuchung zur ohnmächtigen Hoffnungslosigkeit angesichts unmenschlicher Imperien groß ist.

ABKÜRZUNGEN

Alttestamentliche Bücher

Gen	Genesis
Ex	Exodus
Lev	Levitikus
Num	Numeri
Dtn	Deuteronomium
Jos	Josua
Ri	Richter
Rut	Rut
1 Sam	1 Samuel
2 Sam	2 Samuel
1 Kön	1 Könige
2 Kön	2 Könige
1 Chr	1 Chronik
2 Chr	2 Chronik
Esra	Esra
Neh	Nehemia
Tob	Tobit
Jdt	Judit
Est	Ester
1 Makk	1 Makkabäer
2 Makk	2 Makkabäer
Ijob	Ijob
Ps	Psalmen
Spr	Sprichwörter
Koh	Kohelet
Hld	Hoheslied
Weish	Weisheit
Sir	Jesus Sirach
Jes	Jesaja
Jer	Jeremia
Klgl	Klagelieder
Bar	Baruch
Ez	Ezechiel
Dan	Daniel
Hos	Hosea
Joël	Joël
Am	Amos
Obd	Obadja
Jona	Jona
Mi	Micha
Nah	Nahum
Hab	Habakuk
Zef	Zefanja
Hag	Haggai
Sach	Sacharja
Mal	Maleachi

Neutestamentliche Bücher

Mt	Matthäus
Mk	Markus
Lk	Lukas
Joh	Johannes
Apg	Apostelgeschichte
Röm	Römerbrief
1 Kor	1. Korintherbrief
2 Kor	2. Korintherbrief
Gal	Galaterbrief
Eph	Epheserbrief
Phil	Philipperbrief
Kol	Kolosserbrief
1 Thess	1. Thessalonicherbrief
2 Thess	2. Thessalonicherbrief
1 Tim	1. Timotheusbrief
2 Tim	2. Timotheusbrief
Tit	Titusbrief
Phlm	Philemonbrief
Hebr	Hebräerbrief
Jak	Jakobusbrief
1 Petr	1. Petrusbrief
2 Petr	2. Petrusbrief
1 Joh	1. Johannesbrief
2 Joh	2. Johannesbrief
3 Joh	3. Johannesbrief
Jud	Judasbrief
Offb	Offenbarung des Johannes

Sonstige Abkürzungen

Apk Mos	Apokalypse des Mose
AT	Altes Testament
atl	alttestamentlich
diff	Im Unterschied zu
E	Evangelist
EÜ	Einheitsübersetzung
Ev(v)	Evangelium(lien)
NT	Neues Testament
ntl	neutestamentlich
par	Parallele
parr	parallele Stellen
pln	paulinisch
Pls	Paulus
Syn	Synoptiker
syn	synoptisch
Übs	Übersetzung

Bisher sind folgende Kommentare der »Neuen Echter Bibel« zum Neuen Testament erschienen:

Band 4
Joachim Gnilka, JOHANNESEVANGELIUM
164 Seiten, Broschur

Das Johannesevangelium bedarf wie keines der anderen Evangelien zum angemessenen Verstehen der Interpretation. Der Leser findet in diesem Kommentar in knapper Form eine Interpretation, wie sie den modernen Resultaten der Johannes-Forschung entspricht. Gleichzeitig werden wirkungsgeschichtliche Reflexionen als Hilfe für die Predigt und Meditation geboten.

Band 5:
Franz Mußner, APOSTELGESCHICHTE
136 Seiten, Broschur

Der Kommentar fragt u.a. nach den vorliegenden Traditionen, der Erzähltechnik, der Erzählintention, dem Paulusbild und dem Antijudaismus der Apostelgeschichte. Sie ist eine heilsgeschichtlich orientierte Missionschronik, die den allmählichen Ablösungsprozeß der Urkirche von Israel dokumentiert.

Band 6:
Rudolf Pesch, RÖMERBRIEF
112 Seiten, Broschur

Die Auslegung erschließt das theologische Vermächtnis des Apostels Paulus im Blick auf die Situation des Apostels einerseits, die seiner Adressaten andererseits. Die schwierigen Gedanken dieser »theologischen Summe« werden im historischen Zusammenhang verständlich aufgeschlüsselt und dem Leser nahegebracht. Eine exegetisch gediegene und systematisch-theologisch anregende Interpretation der zentralen neutestamentlichen Schrift wird vorgelegt.

Band 7:
Hans-Josef Klauck, 1. KORINTHERBRIEF
120 Seiten, Broschur

Der erste Korintherbrief ist ein in besonderem Maße situationsgebundenes und pastoral ausgerichtetes Schreiben. Dem trägt die Auslegung Rechnung, indem sie den Text konsequent rückbindet an das Interaktionsgeschehen zwischen Paulus und seiner Gemeinde. Dabei zeigt sich, daß gerade der strenge exegetische Zugriff überraschende Einsichten eröffnet, die zu aktualisierendem Weiterdenken einladen.